Portuguese Short Stories for Beginners 5 in 1

Over 500 Dialogues and Daily Used Phrases to Learn Portuguese in Your Car. Have Fun & Grow Your Vocabulary, with Crazy Effective Language Learning Lessons

www.LearnLikeNatives.com

© **Copyright 2021**

By Learn Like A Native

ALL RIGHTS RESERVED

No part of this book may be reproduced, stored in a retrieval system, or transmitted in any form or by any means, without the prior written permission of the publisher.

TABLE OF CONTENT

INTRODUCTION	7
CHAPTER 1 The Mysterious Package / Greetings	16
Translation of the Story	24
CHAPTER 2 Mardi Gras /Colors + Days of the Week	29
Translation of the Story	36
CHAPTER 3 Weird Weather / Weather	40
Translation of the Story	47
CHAPTER 4 John's Homework / School + Classroom	52
Translation of the Story	59
CHAPTER 5 Thrift Store Bargain / house and furniture	63
Translation of the Story	63
CHAPTER 6 The Goat / common present tense verbs	75
Translation of the Story	84
CHAPTER 7 The Car / emotions	90
Translation of the Story	100

CHAPTER 8 Going to A Meeting / telling time — 106

Translation of the Story — 115

CHAPTER 9 Lunch with The Queen

/ to be, to have + food — 121

Translation of the Story — 121

CHAPTER 10 The Driver's License

/ question words — 138

Translation of the Story — 138

CHAPTER 11 At the Travel Agency

/ likes and dislikes — 153

Translation of the Story — 153

CHAPTER 12 Valentine's Day in Paris

/ prepositions — 169

Translation of the Story — 178

CHAPTER 13 New Roommates

/ Common everyday objects + possession — 185

Translation of the Story — 194

CHAPTER 14 A Day in the Life / transition words — 199

Translation of the Story — 208

CHAPTER 15 The Camino Inspiration

/ Numbers + Family — 213

Translation of the Story	222
CONCLUSION	226
About the Author	229

INTRODUCTION

Before we dive into some Brazilian Portuguese, I want to congratulate you, whether you're just beginning, continuing, or resuming your language learning journey. Here at Learn Like a Native, we understand the determination it takes to pick up a new language and after reading this book, you'll be another step closer to achieving your language goals.

As a thank you for learning with us, we are giving you free access to our 'Speak Like a Native' eBook. It's packed full of practical advice and insider tips on how to make language learning quick, easy, and most importantly, enjoyable. Head over to LearnLikeNatives.com to access your free guide and peruse our huge selection of language learning resources.

Learning a new language is a bit like cooking—you need several different ingredients and the right technique, but the end result is sure to be delicious. We created this book of short stories for learning Brazilian Portuguese because language is alive. Language is about the senses—hearing, tasting the words on your tongue, and touching another culture up close. Learning a language in a classroom is a fine place to start, but it's not a complete introduction to a language.

In this book, you'll find a language come to life. These short stories are miniature immersions into the Brazilian Portuguese language, at a level that is perfect for beginners. This book is not a lecture on grammar. It's not an endless vocabulary list. This book is the closest you can come to a language immersion without leaving the country. In the stories within, you will see people speaking to each other, going through daily life situations, and using the most common, helpful words and phrases in language. You are holding the key to bringing your Brazilian Portuguese studies to life.

Made for Beginners

We made this book with beginners in mind. You'll find that the language is simple, but not boring. Most of the book is in the present tense, so you will be able to focus on dialogues, root verbs, and understand and find patterns in subject-verb agreement.

This is not "just" a translated book. While reading novels and short stories translated into Brazilian Portuguese is a wonderful thing, beginners (and even novices) often run into difficulty. Literary licenses and complex sentence structure can make reading in your second language truly difficult—not to mention BORING. That's why Brazilian Portuguese Short Stories for Beginners is the perfect book to pick up. The stories are simple, but not infantile. They were not written for children, but the language is simple so that beginners can pick it up.

The Benefits of Learning a Second Language

If you have picked up this book, it's likely that you are already aware of the many benefits of learning a second language. Besides just being fun, knowing more than one language opens up a whole new world to you. You will be able to communicate with a much larger chunk of the world. Opportunities in the workforce will open up, and maybe even your day-to-day work will be improved. Improved communication can also help you expand your business. And from a neurological perspective, learning a second language is like taking your daily vitamins and eating well, for your brain!

How To Use The Book

The chapters of this book all follow the same structure:

- A short story with several dialogs
- A summary in Brazilian Portuguese
- A list of important words and phrases and their English translation
- Questions to test your understanding
- Answers to check if you were right
- The English translation of the story to clear every doubt

You may use this book however is comfortable for you, but we have a few recommendations for getting the most out of the experience. Try these tips and if they work for you, you can use them on every chapter throughout the book.

1) Start by reading the story all the way through. Don't stop or get hung up on any particular words

or phrases. See how much of the plot you can understand in this way. We think you'll get a lot more of it than you may expect, but it is completely normal not to understand everything in the story. You are learning a new language, and that takes time.

2) Read the summary in Brazilian Portuguese. See if it matches what you have understood of the plot.

3) Read the story through again, slower this time. See if you can pick up the meaning of any words or phrases you don't understand by using context clues and the information from the summary.

4) Test yourself! Try to answer the five comprehension questions that come at the end of each story. Write your answers down, and then check them against the answer key. How did you do? If you didn't get them all, no worries!

5) Look over the vocabulary list that accompanies the chapter. Are any of these the words you did not understand? Did you already know the meaning of some of them from your reading?

6) Now go through the story once more. Pay attention this time to the words and phrases you haven't understand. If you'd like, take the time to look them up to expand your meaning of the story. Every time you read over the story, you'll understand more and more.

7) Move on to the next chapter when you are ready.

Read and Listen

The audio version is the best way to experience this book, as you will hear a native Brazilian Portuguese speaker tell you each story. You will become accustomed to their accent as you listen along, a huge plus for when you want to apply your new language skills in the real world.

If this has ignited your language learning passion and you are keen to find out what other resources are available, go to LearnLikeNatives.com, where you can access our vast range of free learning materials. Don't know where to begin? An excellent place to start is our 'Speak Like a Native' free eBook, full of practical advice and insider tips on how to make language learning quick, easy, and most importantly, enjoyable.

And remember, small steps add up to great advancements! No moment is better to begin learning than the present.

FREE BOOK!

Get the *FREE BOOK* that reveals the secrets path to learn any language fast, and without leaving your country.

Discover:

- The **language 5 golden rules** to master languages at will

- Proven **mind training techniques** to revolutionize your learning

- A complete step-by-step guide to conquering any language

Portuguese Short Stories for Beginners Book 1

Over 100 Dialogues and Daily Used Phrases to Learn Portuguese in Your Car. Have Fun & Grow Your Vocabulary, with Crazy Effective Language Learning Lessons

www.LearnLikeNatives.com

CHAPTER 1
The Mysterious Package / Greetings

A campainha toca.

Andrew corre para a porta do apartamento. A campainha nunca toca nas manhãs de sábado. Andrew está animado para ver quem está na porta. Ele abre a porta.

— **Bom dia, garotinho** — diz um entregador. O homem está vestindo um uniforme marrom e carrega uma caixa marrom.

— **Olá, senhor** — diz Andrew.

— Eu tenho um pacote — diz o entregador. — Ele diz 10, Rua Main.

— Aqui é a 10, Rua Main — diz Andrew.

— O pacote não tem nome — diz o entregador. — Também não tem o número do apartamento.

— Que estranho! — diz Andrew.

— Você pode dar para a pessoa certa? — o homem pergunta.

— Posso tentar — diz Andrew. Ele tem apenas dez anos, mas se sente importante.

— **Muito obrigado** — diz o entregador. Ele vai embora. Andrew leva a caixa para dentro de casa. Ele olha para a caixa. Ela é mais ou menos do tamanho de uma caixa de sapatos. Ela não tem um nome no lado de fora, apenas 10, Rua Main.

Andrew abre a caixa de papelão. Ele precisa saber o que tem dentro para descobrir o dono. Tem uma pequena caixa de madeira dentro da caixa de papelão. Andrew abre a caixa de madeira. Dentro da caixa estão 10 pares de óculos diferentes. Eles têm cores diferentes: rosa e vermelho, bolinhas verdes, preto e branco. Eles também têm formas diferentes: redonda, quadrada e retangular.

Ele fecha a caixa e calça os sapatos.

— **Tchau**, mãe! Eu já volto — ele grita.

Andrew bate na porta do apartamento da frente. Ela se abre. Uma senhora muito idosa sorri para Andrew e a caixa.

— **Bom dia**, Sra. Smith! — diz Andrew.

— **Como você está?** — pergunta a senhora idosa.

— **Bem, obrigado! E você?** — diz Andrew.

— O que você tem aí? — pergunta a senhora idosa.

— É um pacote, **senhora**. Ele pertence a alguém neste prédio, mas eu não sei a quem — diz Andrew.

— Não é para mim — diz a senhora idosa. — Impossível!
— Ah, ok — diz Andrew, decepcionado. A senhora idosa usa óculos. Ele acha que esses óculos ficariam bem nela. Ele se vira para ir embora.

— Volte mais tarde — diz a senhora. — Estou fazendo biscoitos, e alguns biscoitos são para você e sua família.

Andrew sobe as escadas. Seu prédio tem três andares. Ele é amigo de quase todos no prédio. No entanto, o apartamento do segundo andar tem uma nova família. Andrew não os conhece. Ele se sente tímido, mas toca a campainha. Um homem de cabelos castanhos abre a porta. Ele sorri.

— **Oi!** — diz o homem.

— Olá — diz Andrew. — Eu moro no andar de baixo. **Meu nome é** Andrew.

— **É um prazer conhecê-lo**, Andrew — diz o homem.
— Somos novos no prédio. Eu sou o Sr. Jones.
— **Prazer em conhecê-lo também** — diz Andrew. — Este pacote pertence a alguém neste prédio. Ele é seu?

— Impossível! — diz o homem. — Minha família e eu acabamos de nos mudar para cá. Ninguém sabe o nosso endereço.

— Ok — diz Andrew. — Então foi um prazer conhecê-lo.
— A porta se fecha. Outro não. Restam apenas dois apartamentos para tentar. No próximo apartamento mora uma família. A filha estuda na mesma escola que Andrew. Ela é um ano mais velha que Andrew. Seu nome

é Diana. Andrew acha que ela é muito bonita. Ele se sente tímido outra vez, mas bate na porta.

Uma menina loira e bonita abre a porta.

— **Oi,** Diana — Andrew sorri.

— **E aí?** — Diana diz. Seu pijama é rosa-choque e seu cabelo está despenteado.
— **Como vão as coisas?** — Andrew pergunta.

— **Vão indo** — diz Diana. — Eu estava dormindo. Você me acordou.

— **Me desculpe** — ele diz rapidamente. Seu rosto está vermelho. Ele se sente mais tímido ainda. — Eu tenho um pacote. Nós não sabemos a quem pertence.

— O que tem nele? — pergunta Diana.

— Alguns óculos. São óculos de leitura — diz Andrew.

— Eu não uso óculos. Minha mãe não usa. A caixa não é para nós — diz Diana.

— Ok — diz Andrew. Ele dá tchau e sobe as escadas. Há mais um apartamento, o apartamento do terceiro andar. O Sr. Edwards mora sozinho neste apartamento. Ele tem um papagaio grande que sabe falar. Ele também tem quatro gatos e um cachorro. Seu apartamento é antigo e escuro. Andrew sente medo do Sr. Edwards. Ele toca a campainha. Ele tem que descobrir quem pertence a caixa.

— **Olá** — diz o Sr. Edwards. Seu cachorro vem até a porta. O cachorro ajuda o Sr. Edwards, porque ele é cego.

— Oi, Sr. Edwards. É o Andrew — diz Andrew. O Sr. Edwards está de olhos fechados. Ele sorri.

— **O que há de novo**, Andrew? — ele pergunta. "Mmm", Andrew pensa, "talvez o Sr. Edwards não seja assustador. Talvez o Sr. Edwards seja apenas um velho simpático que vive sozinho."

— Eu tenho um pacote, e acho que é para você — diz Andrew.

— Ah, sim! Meus óculos de leitura. Finalmente! — o Sr. Edwards sorri. Ele estende as mãos. Andrew está confuso. Ele olha para o cachorro. Parece sorrir também. Ele dá a caixa para o Sr. Edwards.

— **É bom ver você** — diz o Sr. Edwards.

— **Você também** — diz Andrew. Talvez ele visite o Sr. Edwards outro dia. Ele se vira e vai para casa.

RESUMO
Um menino, Andrew, recebe um pacote que não é para ele. É uma caixa de óculos. Ele a leva aos vizinhos, um por um, para descobrir a quem o pacote pertence. Ele descobre que o pacote pertence ao seu vizinho, o Sr. Edwards, o que é um pouco surpreendente.

LISTA DE VOCABULÁRIO

Good morning	Bom dia
Hello	Olá
Sir	Senhor
Thank you very much	Muito obrigado
Bye	Tchau
Morning!	Bom dia!
How are you?	Como você está?
Fine, thanks!	Tudo bem, obrigado!
And you?	E você?
Ma'am	Senhora
Hi	Oi
My name is...	Meu nome é...
It's nice to meet you	É um prazer conhecê-lo
Nice to meet you too	Prazer em conhecê-lo também
How's it going?	Como vão as coisas?
It's going	Vão indo
Hey	Oi
What's up?	E aí?
What's new?	O que há de novo
It's good to see you	É bom ver você

PERGUNTAS

1. Quem está na porta da frente quando Andrew a abre?
    a) um entregador
    b) um gato
    c) um recenseador
    d) seu pai

2. Como você descreveria a Sra. Smith?
   a) uma menina bonita
   b) uma pessoa ruim
   c) um mau vizinho
   d) uma mulher idosa amável

3. Quem vive no segundo andar do prédio?
   a) ninguém
   b) uma menina da escola do Andrew
   c) uma nova família
   d) Andrew

4. O que você acha que Andrew sente pela Diana?
   a) ele gosta dela e acha que ela é bonita
   b) ele a segue nas redes sociais
   c) ele não gosta dela
   d) eles não se conhecem

5. A quem no prédio pertencem os óculos?
   a) à senhora idosa
   b) ao homem cego
   c) ao Andrew e sua família
   d) a ninguém

RESPOSTAS

1. Quem está na porta da frente quando Andrew a abre?
   a) um entregador

2. Como você descreveria a Sra. Smith?
   d) uma mulher idosa amável

3. Quem vive no segundo andar do prédio?

c) uma nova família

4. O que você acha que Andrew sente pela Diana?
    a) ele gosta dela e acha que ela é bonita

5. A quem no prédio pertencem os óculos?
    b) ao homem cego

Translation of the Story
The Mysterious Package

The doorbell rings.

Andrew runs to the door of the apartment. The doorbell never rings on Saturday mornings. Andrew is excited to see who is at the door. He opens the door.

"**Good morning**, little boy," says a delivery man. The man is dressed in a brown uniform and is carrying a brown box.

"**Hello, sir**," says Andrew.

"I have a package," the delivery man says. "It says 10 Main Street."
"This is 10 Main Street," says Andrew.

"The package has no name," says the delivery man. "It also has no apartment number."

"How strange!" says Andrew.

"Can you give it to the right person?" the man asks.

"I can try," says Andrew. He is only ten years old, but he feels important.

"**Thank you very much**," says the delivery man. He leaves. Andrew takes the box into his house. He stares at the box. It is about the size of a shoe box. It has no name on the outside, just 10 Main Street.

Andrew opens the cardboard box. He needs to know what is inside to find the owner. There is a small wood box inside the cardboard box. Andrew opens the wooden box. Inside the box are 10 different pairs of eyeglasses. They are different colors: pink and red, green polka dots, black and white. They are also different shapes: round, square and rectangle.

He closes the box and puts on his shoes.

"**Bye** mom! I'll be right back," he shouts.

Andrew knocks on the door across the hall from his house. It opens. A very old lady smiles at Andrew and the box.

"**Morning**, Mrs. Smith!" says Andrew.

"**How are you?**" asks the old lady.

"**Fine, thanks! And you?**" says Andrew.

"What do you have?" asks the old lady.

"**Ma'am,** this is a package. It belongs to someone in this building but I don't know who," says Andrew.

"It's not for me," says the old lady. "Impossible!"

"Oh, ok" says Andrew, disappointed. The old lady wears glasses. He thinks these glasses would look nice on her. He turns to leave.

"Come back later," calls the old lady. "I'm making cookies and some cookies are for you and your family."

Andrew goes up the stairs. His building has three floors. He is friends with almost everyone in the building. However, the apartment on the second floor has a new family. Andrew doesn't know them. He feels shy, but he rings the bell. A brown-haired man opens the door. He smiles.

"**Hi!**" says the man.

"Hello," says Andrew. "I live downstairs. **My name is** Andrew."

"**It's nice to meet you,** Andrew," the man says. "We are new to the building. I'm Mr. Jones."

"**Nice to meet you too,**" says Andrew. "This package belongs to someone in this building. Is it your package?"

"Impossible!" says the man. "My family and I just moved here. No one knows our address."

"Ok," says Andrew. "Nice to meet you then." The door closes. Another no. There are only two apartments left to try. In the next apartment is a family. The daughter goes to the same school as Andrew. She is a year older than Andrew. Her name is Diana. Andrew thinks she is very beautiful. He feels shy again, but he knocks on the door.

A pretty, blonde girl opens the door.

"**Hey,** Diana," Andrew smiles.

"What's up?" Diana says. Her pijamas are bright pink and her hair is messy.

"How's it going?" Andrew asks.

"It's going," Diana says. "I was asleep. You woke me up."

"I'm sorry," he says quickly. His face is red. He feels extra shy. "I have a package. We don't know who it belongs to."

"What is in it?" asks Diana.

"Some glasses. They are glasses for reading," says Andrew.

"I don't wear glasses. My mom doesn't use them. The box is not for us," says Diana.

"Ok," says Andrew. He waves goodbye and climbs the stairs. There is one more apartment, the apartment on the third floor. Mr. Edwards lives in this apartment, alone. He has a big parrot that knows how to talk. He also has four cats and a dog. His apartment is old and dark. Andrew feels afraid of Mr. Edwards. He rings the doorbell. He has to find out who the box belongs to.

"Hello," says Mr. Edwards. His dog comes to the door. The dog helps Mr. Edwards because he is blind.

"Hi, Mr. Edwards. It's Andrew," Andrew says. Mr. Edwards has his eyes closed. He smiles.

"What's new, Andrew?" He asks. Hmmm, Andrew thinks, maybe Mr. Edwards isn't scary. Maybe Mr. Edwards is just a nice old man that lives alone.

"I have a package and I think it is for you," says Andrew.

"Ah yes! My reading glasses. Finally!" smiles Mr. Edwards. He holds his hands out. Andrew is confused. He looks at the dog. It seems to be smiling, too. He gives Mr. Edwards the box.

"It's good to see you," says Mr. Edwards.

"You too," says Andrew. Maybe he will visit Mr. Edwards another day. He turns around and goes home.

CHAPTER 2
Mardi Gras /
Colors + Days of the Week

HISTÓRIA

Frank sai pela porta da frente. Sua nova casa é **violeta** com janelas **azuis**. As **cores** são muito vivas para uma casa. Em Nova Orleans, sua nova cidade, os prédios são coloridos.

Ele é novo no bairro. Frank ainda não tem amigos. A casa ao lado da dele é um prédio alto e **vermelho**. Uma família mora lá. Frank olha para a porta, e um homem a abre. Frank diz olá.

— Olá, vizinho! — diz George. Ele acena. Frank caminha até a casa vermelha.

— Oi, eu sou Frank, o novo vizinho — diz Frank.

— Prazer em conhecê-lo. Meu nome é George — diz George. Os homens apertam as mãos. George tem um fio com luzes nas mãos. As luzes são **verdes, roxas** e **douradas**.

— Para que são as luzes? — pergunta Frank.

— Você é novo mesmo — George ri. — É Mardi Gras, você não sabia? Estas cores representam o feriado de carnaval aqui em Nova Orleans.

— Ah, sim — diz Frank. Frank não conhece o carnaval. Ele também não tem amigos para fazer planos.

— Hoje é **sexta-feira** — diz George. — Há um desfile chamado Endymion. Quer assistir comigo e com a minha família?

— Sim — diz Frank. — Maravilhoso!

George coloca as luzes na casa. Frank ajuda George. George acende as luzes. A casa parece festiva.

Frank e a família vão ao desfile. Durante o Mardi Gras em Nova Orleans, há desfiles todos os dias. Os desfiles durante a **semana** são pequenos. Os desfiles no fim de semana, **sábado** e **domingo**, são grandes, com muitas pessoas e carros alegóricos. Há um rei do Mardi Gras. Seu nome é Rex.

Mardi Gras significa "**terça-feira** gorda". Na Inglaterra, é chamado de Shrove Tuesday. É um feriado católico. É um dia antes da **quarta-feira** de cinzas, o início da Quaresma. O Mardi Gras é a celebração antes da Quaresma, um período de seriedade. Na **quinta-feira,** terminam os dias especiais. Nova Orleans é famosa pelo Mardi Gras. As pessoas fazem festas e usam máscaras e fantasias. Na verdade, você só pode usar máscaras em Nova Orleans no Mardi Gras. No resto do ano, é ilegal!

George e sua família assistem ao desfile começar com Frank. Frank está surpreso. Há muitas pessoas assistindo. Eles estão na grama. Carros alegóricos passam pelo grupo. Carros alegóricos são grandes estruturas com pessoas e decorações. Eles percorrem a rua, um por um.

O primeiro carro alegórico representa o sol. Ele tem decorações **amarelas**. Uma mulher no meio do carro alegórico usa um vestido **branco**. Ela parece um anjo. Ela joga contas e brinquedos cor de **laranja** para o povo.

— Por que ela joga os brinquedos e colares? — pergunta Frank.

— Para nós! — diz Hannah, a esposa do George. Hannah segura cinco colares nas mãos. Algumas contas estão no chão. Ninguém as pega. São sujas e **marrons**.

O desfile continua. Há muitos carros alegóricos e muitas contas. George e sua família gritam: — Jogue alguma coisa para mim, senhor! — Hannah enche sua bolsa **preta** com contas e brinquedos coloridos dos carros alegóricos. Frank aprende a gritar — Jogue alguma coisa para mim! — para ganhar contas.

Um carro alegórico grande tem mais de 250 pessoas. É o maior do mundo.

Finalmente, o desfile termina. As crianças e os adultos estão felizes. Todos vão para casa. Frank está cansado. Ele também está com fome e quer comer. Ele segue George e sua família até a casa **vermelha.** Há um bolo grande e redondo na mesa. Parece um anel, com um buraco no meio. O bolo tem cobertura **roxa, verde** e **amarela**.

— Este é o bolo do rei — diz Hannah. — Nós comemos bolo do rei todo Mardi Gras.

Hannah corta um pedaço do bolo. Ela dá um pedaço para George, um pedaço para as crianças e um pedaço para Frank. Frank prova o bolo. É delicioso! Tem gosto de canela. É macio. Mas, de repente, Frank morde um pedaço de plástico.

— Ai! — diz Frank. Frank para de comer. Ele puxa um bebê de plástico de dentro do bolo.

— Há mais uma tradição — diz George. — O bolo tem um bebê dentro. A pessoa que encontra o bebê compra o próximo bolo.

— Sou eu! — diz Frank.

Todo mundo ri. George convida Frank para outro desfile na **segunda-feira**.

Frank vai para casa feliz. Ele ama o Mardi Gras.

LISTA DE VOCABULÁRIO

Violet	Violeta
Blue	Azul
Colors	Cores
Red	Vermelho
Green	Verde
Purple	Roxo
Gold	Dourado
Friday	Sexta-feira
Week	Semana
Saturday	Sábado
Sunday	Domingo
Tuesday	Terça-feira
Wednesday	Quarta-feira
Thursday	Quinta-feira
Yellow	Amarelo
White	Branco
Orange	Laranja
Brown	Marrom
Black	Preto
Monday	Segunda-feira

PERGUNTAS

1) Como você descreveria a nova casa do Frank?
   a) sem graça
   b) colorida
   c) minúscula
   d) solitária

2) Que cor representa o Mardi Gras em Nova Orleans?
   a) azul
   b) branco
   c) laranja
   d) dourado

3) Mardi Gras é uma celebração:
   a) somente para adultos.
   b) da tradição da igreja judaica.
   c) famosa em Nova Orleans.
   d) feita dentro de casa.

4) Quais destes não estão nos carros alegóricos do Mardi Gras?
   a) pessoas
   b) computadores
   c) brinquedos
   d) contas

5) O que acontece se você encontrar o bebê em um bolo do rei?
   a) você chora
   b) você deve cuidar do bebê
   c) você dá o bebê para seu amigo
   d) você deve comprar um bolo do rei

RESPOSTAS

1) Como você descreveria a nova casa de Frank?
    a) sem graça

2) Que cor representa o Mardi Gras em Nova Orleans?
    d) dourado

3) O Mardi Gras é uma celebração:
    c) famosa em Nova Orleans.

4) Quais destes não estão nos carros alegóricos do Mardi Gras?
    b) computadores

5) O que acontece se você encontrar o bebê em um bolo do rei?
    d) você deve comprar um bolo do rei

Translation of the Story
Mardi Gras

STORY

Frank steps out his front door. His new house is **violet** with **blue** windows. The **colors** are very bright for a house. In New Orleans, his new home, buildings are colorful.

He is new to the neighborhood. Frank does not have any friends yet. The house next to him is a tall, **red** building. A family lives there. Frank stares at the door, and a man opens it. Frank says hello.

"Hello, neighbor!" says George. He waves. Frank walks to the red house.
"Hi, I'm Frank, the new neighbor," says Frank.

"Nice to meet you. My name is George," George says. The men shake hands. George has a string of lights in his hands. The lights are **green**, **purple** and **gold**.

"What are the lights for?" asks Frank.

"You *are* new," laughs George. "It's Mardi Gras, didn't you know? These colors represent the holiday of carnival here in New Orleans."

"Oh, yes," says Frank. Frank does not know about carnival. He also has no friends to make plans with.

"Today is **Friday**," says George. "There is a parade called Endymion. Will you come with me and the family to watch?"

"Yes," Frank says. "Wonderful!"

George puts the lights on the house. Frank helps George. George turns on the lights. The house looks festive.

The family and Frank go to the parade. During Mardi Gras in New Orleans, there are parades every day. The parades during the **week** are small. The parades on the weekend, **Saturday** and **Sunday**, are big, with many floats and people. There is a king of Mardi Gras. His name is Rex.

Mardi Gras means 'Fat **Tuesday**'. In England, it is called Shrove Tuesday. The holiday is Catholic. It is one day before Ash **Wednesday**, the beginning of Lent. Mardi Gras is the celebration before Lent, a serious time. By **Thursday**, the special days are finished. New Orleans is famous for its Mardi Gras. People have parties and wear masks and costumes. In fact, you can only wear a mask in New Orleans on Mardi Gras. The rest of the year it is illegal!

George and his family watch the parade begin with Frank. Frank is surprised. There are many people watching. They stand in the grass. Floats pass the group. Floats are big structures with people and decorations. They go down the street, one by one.

The first float represents the sun. It has **yellow** decorations. A woman in the middle wears a **white** dress. She looks like an angel. She throws **orange** toys and beads to the people.

"Why does she throw the toys and necklaces?" asks Frank.

"For us!" says Hannah, George's wife. Hannah holds five necklaces in her hands. Some beads are on the ground. Nobody catches them. They are dirty and **brown**.

The parade continues. There are many floats, and many beads. George and his family shout, "Throw me something, mister!" Hannah fills her **black** bag with colorful toys and beads from the floats. Frank learns to shout "Throw me something!" to get beads for himself.

One big float has over 250 people on it. It is the largest in the world.

Finally, the parade ends. The children and the adults are happy. Everyone goes home. Frank is tired. He is also hungry and wants to eat. He follows George and his family into the **red** house. There is a big, round cake on the table. It looks like a ring, with a hole in the middle. The cake has **purple**, **green** and **yellow** frosting on top.

"This is king cake," Hannah says. "We eat king cake every Mardi Gras."

Hannah cuts a piece of cake. She gives one piece to George, one piece to the children, and one piece to Frank. Frank tastes the cake. It is delicious! It tastes like cinnamon. It is soft. But suddenly Frank bites into plastic.

"Ouch!" says Frank. Frank stops eating. He pulls a plastic baby out of the cake.

"There is one more tradition," says George. "The cake has a baby in it. The person who gets the baby buys the next cake."

"That's me!" Frank says.

Everyone laughs. George invites Frank to another parade on **Monday.**

Frank goes home happy. He loves Mardi Gras.

CHAPTER 3
Weird Weather / Weather

HISTÓRIA

Ivan tem doze anos. Ele visita os avós no fim de semana. Ele adora visitar os avós. A vovó lhe dá biscoitos com leite todos os dias. O vovô lhe ensina coisas legais. Neste fim de semana, ele vai à casa deles.

É fevereiro. Onde Ivan mora, é **inverno**. Em fevereiro, geralmente **neva**. Ivan ama a neve. Ele brinca na neve e faz bolas. Neste fim de semana de fevereiro, o **tempo** está diferente. O sol está brilhando, está **ensolarado** e quase **quente**! Ivan está usa uma camiseta para ir à casa dos avós.

— Oi, vovô! Oi, vovó! — Ivan diz.

— Olá, Ivan! — diz a Vovó.

— Ivan! Como você está? — diz o vovô.

— Estou bem — ele diz, e abraça os avós. Ivan dá tchau para sua mãe.

Eles entram em casa. — Este tempo está estranho — diz a vovó. — Fevereiro é sempre **frio** e **nublado**. Eu não entendo!

— É a **mudança climática** — diz Ivan. Na escola, Ivan estuda contaminação e poluição. O tempo muda devido a

mudanças na **atmosfera**. Mudança climática são as diferenças no clima ao longo do tempo.
— Eu não sei nada sobre mudança climática — diz o vovô.
— Eu **prevejo** o tempo pelo que eu vejo.

— O que você quer dizer? — pergunta Ivan.

— Esta manhã, o **céu** está vermelho — diz o vovô. — Eu sei que isto significa que está vindo uma **tempestade.**

— Como?— pergunta Ivan.

— Céu vermelho de manhã, é chuva com ventania. Céu vermelho à noite, é bom tempo que se anuncia.— O vovô explica o ditado para Ivan.

Quando o céu está vermelho ao nascer do sol, significa que há água no ar. A luz do sol parece vermelha. A tempestade está vindo na direção. Quando o céu está vermelho ao pôr do sol, o mau tempo está indo embora. Sem **meteorologistas**, as pessoas observam o céu à procura de pistas sobre o tempo.

— Como os meteorologistas preveem o tempo? — pergunta Ivan.

— Eles observam os padrões da atmosfera — diz a vovó.
— Eles observam a temperatura, se está quente ou frio. E observam a pressão do ar, o que está acontecendo na atmosfera.

— Eu prevejo o tempo de maneira diferente — diz o vovô.
— Por exemplo, eu sei que hoje vai **chover**.

— Como? — pergunta Ivan.

— O gato — diz o vovô. Ivan olha para o gato. O gato abre a boca e faz: a-TCHIM.

— Quando o gato espirra ou ronca, significa que está vindo chuva — diz o vovô. — Pode **chuviscar** ou ficar muito **chuvoso**, mas vai chover.

De repente, eles ouvem um som alto. Ivan olha pela janela. Gotas grandes de chuva estão caindo. O som da chuva é alto. Ivan não consegue ouvir o que o vovô diz.

— O quê?— diz Ivan.

— Está **chovendo a cântaros** — diz o vovô, sorrindo.

— Rá! — Ivan ri.

— Conheço outra maneira de prever o tempo — diz a vovó.

A vovó observa as aranhas para saber quando o tempo vai estar frio. No final do **verão**, o tempo muda. O **outono** traz o ar fresco e frio. A vovó sabe que quando as aranhas entram na casa, significa que o frio está chegando. As aranhas fazem sua casa do lado de dentro antes do inverno. É assim que a vovó sabe quando o inverno está chegando.

A chuva para. Ivan e o vovô saem da casa. O vovô e a vovó moram em uma casa na floresta. A casa é cercada de árvores. É uma casa pequena. Ivan está com frio de camiseta. O tempo não está **ensolarado**. O ar está se movendo. Está **ventando.** O vento sopra o cabelo do Ivan.

— Agora está **frio** — diz Ivan.

— Sim — diz o vovô. — Qual é a temperatura?

— Eu não sei — diz Ivan. — Eu não tenho um **termômetro**.

— Você não precisa de termômetro — diz o vovô. Vovô diz a Ivan para escutar. Ivan ouve um som: cri-cri-cri. É um inseto. O cri-cri-cri é o som dos grilos. Vovô ensina a Ivan. Ivan conta quantos cris ele ouve em 14 segundos. Vovô adiciona 40 a esse número. Essa é a temperatura lá fora. Ivan não sabia que os grilos eram como termômetros.

A vovó sai da casa. Ela sorri. Ela observa Ivan contando o som dos cri. — É hora de biscoitos com leite! — ela diz.

— Oba!— diz Ivan.

— Veja! — diz a vovó. — É um **arco-íris**. — O arco-íris vai da casa para a floresta. Ele tem muitas cores: vermelho, laranja, amarelo, azul e verde. O arco-íris é lindo. A vovó, o vovô e Ivan observam o arco-íris. Ele desaparece, e eles vão para dentro.

— Biscoitos com leite para todos — diz a vovó. Ela dá a Ivan um biscoito quente de chocolate.

— Para mim, não — diz o vovô. — Quero chá.

— Por que chá? — diz a vovó. Ela tem dois copos de leite na mão.
— Estou **resfriado**, diz o vovô. Ele ri. Ivan e a vovó riem com ele.

LISTA DE VOCABULÁRIO

Winter	Inverno
To snow	Nevar
Weather	Tempo
Sunny	Ensolarado
Hot	Quente
Cold	Frio
Climate change	Mudança climática
Atmosphere	Atmosfera
Predict	Prever
Sky	Céu
Storm	Tempestade
Weathermen	Meteorologistas
Drizzle	Chuvisco
Rainy	Chuvoso
Raining cats and dogs	Chovendo a cântaros
Summer	Verão
Autumn	Outono
Windy	Ventando
Temperature	Temperatura
Thermometer	Termômetro
Rainbow	Arco-íris

PERGUNTAS

1) Como é geralmente o tempo em fevereiro?
    a) quente
    b) frio
    c) ensolarado
    d) fresco

2) Como o vovô sabe como será o tempo?
    a) ele vê televisão
    b) o meteorologista
    c) ele observa a natureza
    d) ele não prevê o tempo

3) O que significa chover a cântaros?
    a) a chuva está cantando
    b) está chovendo pouco
    c) o gato está espirrando
    d) está chovendo muito forte

4) O que significa quando as aranhas entram em casa?
    a) elas estão com fome
    b) elas estão prontas para botar ovos
    c) o tempo frio está chegando
    d) o tempo quente está chegando

5) Por que o vovô pede chá em vez de leite?
    a) ele está um pouco doente
    b) ele é alérgico ao leite
    c) ele quer uma bebida quente
    d) para irritar a vovó

RESPOSTAS

1) Como é geralmente o tempo em fevereiro?
    a) quente

2) Como o vovô sabe como será o tempo?
    c) ele observa a natureza

3) O que significa chover a cântaros?
    d) está chovendo muito forte

4) O que significa quando as aranhas entram em casa?
    c) tempo frio está chegando

5) Por que o vovô pede chá em vez de leite?
    a) ele está um pouco doente

Translation of the Story
Weird Weather

STORY

Ivan is twelve years old. He visits his grandparents on the weekend. He loves to visit his grandparents. Grandma gives him cookies and milk every day. Grandpa teaches him neat things. This weekend he goes to their house.

It is February. Where Ivan is, it is **winter**. In February, it usually **snows**. Ivan loves the snow. He plays in it and rolls it into balls. This February weekend, the **weather** is different. The sun is shining; it is **sunny** and almost **hot**! Ivan wears a T-shirt to his grandparent's house.

"Hi, Grandpa! Hi, Grandma!" Ivan says.
"Hello, Ivan!" Grandma says.

"Ivan! How are you?" says Grandpa.

"I'm good," he says, and he hugs his grandparents. Ivan says goodbye to his mom.

They go into the house. "This weather is strange," says Grandma. "February is always **cold** and **cloudy**. I don't understand!"

"It is **climate change**," says Ivan. In school, Ivan learns about contamination and pollution. The weather changes because of changes in the **atmosphere**. Climate change is the difference in the weather over time.

"I don't know about climate change," says Grandpa. "I **predict** the weather by what I see."
"What do you mean?" asks Ivan.

"This morning, the **sky** is red," says Grandpa. "This means I know a **storm** is coming."

"How?" asks Ivan.

"Red sky in the morning, sailors take warning. Red sky at night, sailor's delight." Grandpa tells Ivan about this saying.

If the sky is red at sunrise, it means there is water in the air. The light of the sun shines red. The storm is coming towards you. If the sky is red at sunset, the bad weather is leaving. Without **weathermen**, people watch the sky for clues about the weather.

"How do weathermen predict the weather?" asks Ivan.

"They look at patterns in the atmosphere," says Grandma. "They look at temperature, if it is hot or cold. And they look at air pressure, what is happening in the atmosphere."

"I predict the weather differently," says Grandpa. "For example, I know today it will **rain**."

"How?" asks Ivan.

"The cat," says Grandpa. Ivan looks at the cat. The cat opens its mouth and says 'ah-CHOO'.

"When the cat sneezes or snores, that means rain is coming," says Grandpa. It may **drizzle** or it may be very **rainy**, but it will rain."

Suddenly, they hear a loud sound. Ivan looks out the window. Drops of rain are falling hard. The rain is loud. Ivan can't hear what his Grandpa says.

"What?" says Ivan.

"It's **raining cats and dogs,"** says Grandpa, smiling.

"Ha!" laughs Ivan.

"I know another way to tell the weather," says Grandma.

Grandma watches the spiders to see when the weather will be cold. At the end of **summer**, the weather changes. **Autumn** brings fresh, cool air. Grandma knows that when spiders come inside, it means cold weather is coming. The spiders make a house inside before winter. That is how grandma knows when the winter weather comes.

The rain stops. Grandpa and Ivan go out. Grandpa and Grandma live in a house in the forest. The house has trees around it. It is a small house. Ivan is cold in his T-shirt. The weather is not sunny. The air is moving. It is **windy**. The wind blows through Ivan's hair.

"It is **cold** now," says Ivan.

"Yes," says Grandpa. "What is the temperature?"

"I don't know," says Ivan. "I don't have a thermometer."

"You don't need one," says Grandpa. Grandpa tells Ivan to listen. Ivan hears a sound: *cri-cri-cri*. It is an insect. The *cri-cri-cri* is the sound of crickets. Grandpa teaches Ivan. Ivan counts the *cri* for fourteen seconds. Grandpa adds 40 to that number. That is the temperature outside. Ivan did not know crickets were like thermometers.

Grandma comes out of the house. She smiles. She watches Ivan counting the *cri* sound. "Time for cookies and milk!" she says.

"Yay!" says Ivan.

"Oh, look!" says Grandma. "It's a rainbow." The rainbow goes from the house to the forest. It has many colors: red, orange, yellow, blue and green. The rainbow is beautiful. Grandma, Grandpa and Ivan watch the rainbow. It disappears and they go inside.
"Cookies and milk for everyone," says Grandma. She gives Ivan a warm chocolate cookie.

"Not for me," says Grandpa. "I want tea."

"Why tea?" says Grandma. She has two milks in her hand.

"I'm feeling **under the weather**," says Grandpa. He laughs. Ivan and Grandma laugh with him.

Portuguese Dialogues for Beginners
Book 2

Over 100 Daily Used Phrases and Short Stories to Learn Portuguese in Your Car. Have Fun and Grow Your Vocabulary with Crazy Effective Language Learning Lessons

www.LearnLikeNatives.com

CHAPTER 4
John's Homework / School + Classroom

HISTÓRIA

A Sra. Kloss é **professora** da 4ª série. Ela dá aulas na Homewood Elementary School. A **escola** fica em um prédio de tijolos vermelhos. Ela fica em uma cidade pequena.

A Sra. Kloss tem uma **turma** de 15 alunos. Seus **alunos** são meninos e meninas. Eles geralmente são bons alunos. A Sra. Kloss tem uma rotina. Os alunos começam o dia em suas **mesas**, sentados em suas **cadeiras**. Sra. Kloss faz a **chamada**.

— Louise? — ela diz.

— Aqui! — grita Louise.

— Mike? — diz a Sra. Kloss.

— Presente — diz Mike.

— João?

— Aqui, Sra. Kloss— diz João.

E assim por diante. Após a chamada, a Sra. Kloss começa o dia com **matemática**. Para seus alunos, matemática é difícil. A turma escuta as explicações da Sra. Kloss. Eles leem o que ela escreve no **quadro-negro**. Às vezes, um aluno resolve um problema na frente da turma. Eles usam **giz** para escrever a solução. Os outros alunos fazem os problemas em seus **cadernos**.

A hora favorita de todos é o almoço. A turma vai para o refeitório. Eles têm duas opções. Uma opção é uma refeição saudável, com carne e legumes. A outra opção é pizza ou hambúrguer. Alguns alunos trazem o almoço de casa.

À tarde, eles estudam **história**. Nas sextas-feiras, eles têm aula de **ciências** no **laboratório**. Eles fazem **experimentos**, como cultivar plantas em um pedaço de batata.

A Sra. Kloss passa **lição de casa** para seus alunos todos os dias. Eles levam o trabalho para casa. Eles fazem a lição à noite. No dia seguinte, trazem para a escola. A única desculpa para lições de casa incompletas é um bilhete dos pais.

Um dia, a turma revisa junta a lição de casa de **inglês**.

— Todos, por favor, ponham os **trabalhos** na minha mesa — diz a Sra. Kloss. Todos entregam a lição de casa para a Sra. Kloss. Todos, exceto o João.

— João, onde está sua lição de casa? — diz a Sra. Kloss.

O rosto do João está muito vermelho. Ele está nervoso.

— Eu não trouxe — diz João.

— Você tem um bilhete dos seus pais? — pergunta a Sra. Kloss.

— Não — diz João.

— Então por que você não fez sua lição de casa? — pergunta Sra. Kloss. João diz algo em voz muito baixa.

— O quê? Não conseguimos escutar — diz a Sra. Kloss. Ela dá um sorriso simpático para o João. Ele parece nervoso.

— Meu cachorro comeu minha lição de casa — diz João. A Sra. Kloss e os outros alunos riem. Essa é a desculpa mais comum de quem não faz a lição.

— Está na sua **mochila**? Ou talvez no seu **armário**? — pergunta a Sra. Kloss. Ela quer ajudar o João.

— Não, meu cachorro comeu! — insiste João.

— Essa é a **desculpa mais velha do mundo** — diz a Sra. Kloss.

— É verdade! — diz João. João é um bom aluno. Ele geralmente tira **nota A em tudo**. A Sra. Kloss não quer mandar o João para a **sala do diretor** por mentir. Ela não acredita no João, mas decide lhe dar outra chance.

— Traga a lição de casa amanhã — diz a Sra. Kloss. — Aqui está outra cópia. — João pega a **folha de exercícios** e agradece à Sra. Kloss. A turma pega seus cadernos de **artes**. Na aula de artes de hoje, eles estão desenhando um quadro com **lápis** de cor. Os alunos adoram a aula de artes. É uma chance de relaxar. Eles desenham e desenham até a **sineta** tocar. O dia de aula acabou.

Os alunos conversam nos corredores. Eles trocam anotações. Os alunos da 4ª série esperam do lado de fora. Seus pais os buscam. Alguns deles estão a pé. Alguns estão de carro. Os professores lhes ajudam a encontrar seus pais.

A Sra. Kloss termina seu trabalho. Ela guarda seu **laptop** na bolsa. Sua sala de aula está limpa e vazia. Ela sai da escola. Enquanto ela caminha até o carro, ela vê João e seu pai. O pai de João vem buscá-lo com o cachorro. A Sra. Kloss acena para João e seu pai.

— Olá, João! — diz a Sra. Kloss.

— Boa tarde, Sra. Kloss — diz João.

— É este o cachorro que comeu sua lição de casa? — pergunta a Sra. Kloss. Ela sorri, então João sabe que ela está brincando.

— Sim, Sra. Kloss — diz o pai do João. — Obrigada por entender. O João está com tanto medo de se meter em problemas!

A Sra. Kloss está chocada! Desta vez, o cachorro realmente comeu a lição de casa.

LISTA DE VOCABULÁRIO

Teacher	Professor
School	Escola
Class	Turma
Students	Alunos
Desk	Mesa
Chair	Cadeira
Roll call	Chamada
Math	Matemática
Blackboard	Quadro-negro
Chalk	Giz
Notebook	Caderno
History	História
Science	Ciências
Lab	Laboratório
Experiment	Experimento
Homework	Lição de casa
English	Inglês
Papers	Trabalhos
Backpack	Mochila
Locker	Armário
The oldest excuse in the book	A desculpa mais velha do mundo
Straight a's	Nota a em tudo
Principal's office	Sala do diretor
Worksheet	Folha de exercícios
Pencils	Lápis
Bell	Sineta
Laptop	Laptop

PERGUNTAS

1) Como começa o dia na sala de aula da Sra. Kloss?
    a) os alunos se levantam e gritam
    b) com uma lição de casa
    c) com a chamada
    d) a Sra. Kloss grita

2) Qual é a hora do dia favorita de todos na Homewood Elementary School?
    a) chamada
    b) hora do almoço
    c) aula de matemática
    d) depois da sineta tocar

3) Por que a Sra. Kloss diz que a desculpa de João é a mais velha do mundo?
    a) porque todos usam essa desculpa
    b) João é o mais velho da turma
    c) ele esqueceu seu livro
    d) seu cachorro tem sete anos

4) O que você precisa ter se não fizer a lição de casa?
    a) um experimento científico
    b) uma boa desculpa
    c) nada, está tudo bem
    d) um bilhete dos seus pais

5) Por que a Sra. Kloss está surpresa no final da história?
    a) ela percebe que João estava dizendo a verdade
    b) o cachorro do João na verdade é um cavalo
    c) o João não fala com ela
    d) o pai do João se parece muito com ele

RESPOSTAS

1) Como começa o dia na sala de aula da Sra. Kloss?
   c) com a chamada

2) Qual é a hora do dia favorita de todos na Homewood Elementary School?
   b) hora do almoço

3) Por que a Sra. Kloss diz que a desculpa do João é a mais velha do mundo?
   a) porque todos usam essa desculpa

4) O que você precisa ter se não fizer a lição de casa?
   d) um bilhete dos seus pais

5) Por que a Sra. Kloss está surpresa no final da história?
   a) ela percebe que o João estava dizendo a verdade

Translation of the Story
John's Homework

STORY

Mrs. Kloss is a grade 4 **teacher**. She teaches at Homewood Elementary School. The **school** is in a red brick building. It is in a small town.

Mrs. Kloss has a **class** of 15 students. Her **students** are boys and girls. They are usually good students. Mrs. Kloss has a routine. Her students start the day at their **desks**, seated in their **chairs**. Mrs. Kloss calls **roll call**.

"Louise?" she says.

"Here!" shouts Louise.
"Mike?" says Mrs. Kloss.

"Present," says Mike.

"John?"

"Here, Mrs. Kloss," John says.

And so on. After roll call, Mrs. Kloss starts the day with **math**. For her students, math is difficult. The class listens to Mrs. Kloss teach. They watch as she writes on the **blackboard**. Sometimes, one student solves a problem in front of the class. They use **chalk** to write out the solution. The other students do the problems in their **notebooks**.

Everyone's favorite time is lunch time. The class goes to the lunchroom. They have two choices. One choice is a healthy meal of meat and vegetables. The other choice is pizza or hamburgers. Some students bring a lunch from home.

In the afternoon, they study **history**. On Fridays, they have **science** class in the **lab**. They do **experiments**, like growing plants from a piece of potato.

Mrs. Kloss gives her students **homework** every day. They take the work home. They work at night. The next day, they bring it to school. The only excuse for incomplete homework is a note from their parents.

One day, the class reviews the **English** homework together.
"Everyone, please bring your **papers** to my desk," says Mrs. Kloss. Everyone brings their homework to Mrs. Kloss. Everyone except for John.
"John, where is your homework?" says Mrs. Kloss.

John's face is very red. He is nervous.

"I don't have it," says John.

"Do you have a note from your parents?" asks Mrs. Kloss.

"No," says John.

"Why didn't you do your homework, then?" asks Mrs. Kloss. John says something very quietly.
"What? We can't hear you," says Mrs. Kloss. She gives John a kind smile. He looks nervous.

"My dog ate my homework," says John. Mrs. Kloss and the other students laugh. This excuse is the most typical excuse for not having work done.

"Is it in your **backpack**? Or maybe your **locker**?" asks Mrs. Kloss. She wants to help John.

"No, my dog ate it!" insists John.

"That's the **oldest excuse in the book**," says Mrs. Kloss.

"It is true!" says John. John is a good student. He usually makes **straight A's**. Mrs. Kloss does not want to send Jon to the **principal's office** for lying. She does not believe John, but she decides to give him another chance.

"Bring the homework tomorrow," says Mrs. Kloss. "Here is another copy." John takes the **worksheet** and thanks Mrs. Kloss. The class turns to their **art** notebook. Today in art class they are drawing a picture with colored **pencils**. Students love art class. It is a chance to relax. They draw and draw until the **bell** rings. School is over.

Students talk in the hallways. They exchange notes. The Grade 4 students wait outside. Their parents pick them up. Some of them are on foot. Some of them are in cars. The teachers help them to find their parents.

Mrs. Kloss finishes her work. She packs her **laptop** into her bag. Her classroom is clean and empty. She goes outside. As she walks to her car, she see John and his dad. John's father picks him up with their dog. Mrs. Kloss waves to John and his father.

"Hello, John!" says Mrs. Kloss.

"Good afternoon, Mrs. Kloss," John says.

"Is this the dog that ate your homework?" asks Mrs. Kloss. She smiles, so John knows she is teasing.

"Yes, Mrs. Kloss," says John's father. "Thank you for understanding. John is so worried about getting in trouble!"

Mrs. Kloss is shocked! This time, the dog really did eat the homework.

CHAPTER 5
Thrift Store Bargain / house and furniture

HISTORIA

Louise e Mary são melhores amigas. Elas também **moram juntas**. Elas dividem um **apartamento** no centro da cidade. Hoje elas querem comprar **móveis** para seu **lar**. Louise e Mary são estudantes. Elas não têm muito dinheiro.

— Onde podemos fazer compras? — Louise pergunta a Mary.

— Precisamos de muitos móveis — diz Mary. Ela está preocupada com o dinheiro.

— Eu sei — diz Louise. — Precisamos encontrar uma **pechincha**.

— Tenho uma ideia. Vamos ao brechó! — diz Mary.

— Boa ideia! — diz Louise.

As duas meninas vão de carro para o brechó. É uma loja gigante. O prédio é maior que dez **casas**.

As meninas estacionam o carro. O estacionamento está vazio.
— Uau — diz Louise. — A loja é muito grande.

— Totalmente — diz Mary. — E não tem ninguém aqui.

— Seremos as únicas pessoas — diz Louise. — Podemos **ficar à vontade**.

As meninas entram na loja. A loja tem de tudo. À direita fica a seção de **cozinha**. Há **refrigeradores** altos e **micro-ondas** antigos nas **prateleiras**. Há **torradeiras** de todas as cores. Os preços são bons. Um micro-ondas custa apenas $10.

Tudo é uma pechincha. Os itens são usados e de segunda mão. No entanto, Mary e Louise encontram coisas de que elas gostam. Há mais de uma dúzia de sofás. Mary e Louise precisam de um **sofá**. Elas ficam um tempo falando sobre os diferentes sofás. Mary gosta de um sofá de couro marrom. Louise gosta de um grande sofá roxo. Elas não conseguem decidir. Louise vê uma **cadeira** roxa. As meninas decidem comprar a cadeira e o sofá roxos para combinar. É perfeito para a casa delas.

— Preciso de uma **cama** para o meu **quarto** — diz Louise.

As meninas vão para a área dos quartos. Primeiro, passam pela seção de arte.

— Sabe, precisamos de algo para as **paredes** — diz Louise. Mary concorda. Há grandes pinturas, pequenas pinturas, **molduras** vazias e fotografias emolduradas. Louise escolhe uma grande pintura abstrata. Ela tem linhas salpicadas de tinta vermelha, azul e preta.

— Eu posso pintar desse jeito — diz Mary. — Parece uma pintura de criança.

— É só $5 — diz Louise.

— Ah, ok! — diz Mary.

As meninas terminam as compras. Louise também encontra uma **luminária** para o seu quarto. O quarto dela é muito escuro. Mary escolhe um tapete para o banheiro. As meninas estão muito felizes. Elas gastam apenas $100 dólares em todos os móveis.

— É por isso que comprar no brechó é uma pechincha — diz Louise.

— Sim, compramos **tudo e mais alguma coisa**! — diz Mary.

Mary e Louise fazem uma festa em seu apartamento naquela noite. É uma festa para receber os amigos. Mary e Louise querem mostrar seus móveis novos.

A campainha toca. Mary abre a **porta**. O Nick é o primeiro a chegar. O Nick é amigo da Mary. O Nick também é estudante. Ele estuda história da arte.

— Oi, senhoras — diz Nick. — Obrigado por me convidarem.

— Entre, Nick! — diz Mary. Nick entra no **hall de entrada**. Ela o abraça.

— Quer ver nossas coisas novas? — pergunta Louise.

— Sim! — diz Nick.

Louise e Mary mostram o apartamento para Nick. Elas estão felizes com a **sala de estar**. A cadeira, o quadro e o sofá novos estão muito bonitos.

— Tudo isso é do brechó — diz Mary. Ela está orgulhosa.

Nick vai até o quadro. — Gosto muito desta pintura — diz ele.

— Eu também — diz Louise. — Eu que escolhi.

— Me lembra o Jackson Pollock — diz Nick.

— Quem é Jackson Pollock? — pergunta Mary.

— Ele é um pintor muito famoso — diz Nick. — Ele salpica tinta na tela. Assim como neste quadro. — Nick olha atentamente para a pintura.

— É assinada? — ele pergunta. Louise faz que não com a cabeça. — Vamos ver o lado de trás, então.

Eles tiram a pintura da moldura e a viram. Todos estão em silêncio. Na parte inferior, há uma assinatura que se parece com "Jackson Pollock".

— Quanto você pagou por isso? — pergunta Nick.

— Uns $5 — diz Louise.

— Esse quadro provavelmente vale pelo menos $10 milhões de dólares — diz Nick. Ele está chocado. Mary olha para Louise. Louise olha para Mary.

— Alguém quer uma taça de champanhe? — diz Mary.

Isso é que é uma pechincha!

LISTA DE VOCABULÁRIO

Roommates	Morar junto
Apartment	Apartamento
Furniture	Móveis
Home	Lar
Bargain	Pechincha
Thrift store	Brechó
House	Casa
Make ourselves at home	Ficar à vontade
Kitchen	Cozinha
Refrigerators	Refrigeradores
Microwaves	Micro-ondas
Shelves	Prateleiras
Toasters	Torradeiras
Chair	Cadeira
Table	Mesa
Sofa	Sofá
Bed	Cama
Bedroom	Quarto
Wall	Parede
Frame	Moldura
Lamp	Luminária
Carpet	Tapete
Bathroom	Banheiro
Everything but the kitchen sink	Tudo e mais um pouco
Door	Porta
Foyer	Hall de entrada
Living room	Sala de estar

PERGUNTAS

1) Por que Mary e Louise vão ao brechó?
    a) Elas precisam de dinheiro.
    b) Elas precisam de móveis, mas não têm muito dinheiro.
    c) Elas têm móveis para vender.
    d) Elas querem se divertir.

2) Por que os preços no brechó são tão baixos?
    a) É época de liquidação.
    b) O brechó está fechando.
    c) Os artigos são usados.
    d) Os preços são normais, não são baixos.

3) Qual dos seguintes itens fica na cozinha?
    a) cama
    b) micro-ondas
    c) chuveiro
    d) sofá

4) Como Nick sabe tanto sobre a pintura?
    a) Ele é marchand profissional.
    b) A pintura pertence a Nick.
    c) Ele estuda arte.
    d) Ele leu um livro.

5) No final, Mary e Louise estão....
    a) tristes.
    b) surpresas e ricas.
    c) com raiva do Nick.
    d) cansadas demais para fazer uma festa.

RESPOSTAS

1) Por que Mary e Louise vão ao brechó?
    b) Elas precisam de móveis, mas não têm muito dinheiro.

2) Por que os preços no brechó são tão baixos?
    c) Os itens são usados.

3) Qual dos seguintes itens fica na cozinha?
    b) micro-ondas

4) Como Nick sabe tanto sobre a pintura?
    c) Ele estuda arte.

5) No final, Mary e Louise estão...
    b) surpresas e ricas.

Translation of the Story
Thrift Store Bargain

STORY

Louise and Mary are best friends. They are also **roommates**. They share an **apartment** in the center of town. Today they want to shop for **furniture** for their **home**. Louise and Mary are both students. They do not have much money.

"Where can we shop?" Louise asks Mary.

"We need a lot of furniture," Mary says. She is worried about money.

"I know," says Louise. "We need to find a **bargain**."

"I have an idea. Let's go to the thrift store!" says Mary.

"Great idea!" says Louise.

The two girls drive the car to the thrift store. It is a giant store. The building is bigger than ten **houses**.

The girls park the car. The parking lot is empty.

"Wow," says Louise. "The store is very big."

"Totally," says Mary. "And there is nobody here."

"We will be the only people," says Louise. "We can **make ourselves at home**."

The girls walk into the store. The store has everything. On the right, there is the **kitchen** section. There are tall **refrigerators** and old **microwaves** on the **shelves**. There are **toasters** of all colors. The prices are good. A microwave costs only $10.

Everything is a bargain. The items are used and second-hand. However, Mary and Louise find items that they like. There are more than a dozen sofas. Mary and Louise need a **sofa**. They spend time talking about the different sofas. Mary likes a brown leather sofa. Louise likes a big purple sofa. They cannot decide. Louise sees a purple **chair**. The girls decide to get the purple sofa and chair so that they match. It is perfect for their home.

"I need a **bed** for my **bedroom**," says Louise.

The girls walk to the bedroom area. First, they pass the art section.

"You know, we need something for the **walls**," says Louise. Mary agrees. There are big paintings, small paintings, empty **frames**, and photographs in frames. Louise decides on a big, abstract painting. It has lines of splattered red, blue, and black paint.

"I can paint like that," says Mary. "It looks like a child's painting."

"It's only five dollars," says Louise.

"Oh, ok!" says Mary.

The girls finish shopping. Louise also finds a **lamp** for her bedroom. Her bedroom is too dark. Mary chooses a **carpet** for the **bathroom**. The girls are very happy. They spend only $100 dollars for all the furniture.

"That is why shopping at the thrift store is a bargain," says Louise.

"Yes, we got **everything but the kitchen sink**!" says Mary.

Mary and Louise have a party in their apartment that night. It is a party to welcome friends. Mary and Louise want to show their new furniture.

The doorbell rings. Mary opens the **door**. Nick is the first to arrive. Nick is Mary's friend. Nick is also a student. He studies art history.

"Hi, ladies," says Nick. "Thank you for inviting me."

"Come in, Nick!" says Mary. Nick steps into the **foyer**. She hugs him.

"Do you want to see our new stuff?" asks Louise.

"Yeah!" says Nick.

Louise and Mary show Nick around the apartment. They are happy with the **living room**. The new sofa, chair and painting looks great.

"All of this is from the thrift store," says Mary. She is proud.

Nick walks up to the painting. "I really like this painting," he says.

"I do too," says Louise. "I chose it."

"It reminds me of Jackson Pollock," says Nick.

"Who is Jackson Pollock?" asks Mary.

"He is a very famous painter," says Nick. "He splashes paint onto canvas. Just like this one." Nick looks closely at the painting.

"Is it signed?" he asks. Louise shakes her head no. "Let's look behind it then."
They take the painting out of the frame and turn it around. They all are quiet. On the bottom is a signature that looks like 'Jackson Pollock'.

"How much did you pay for this?" asks Nick.

"About five dollars," says Louise.

"This is probably worth at least $10 million dollars," says Nick. He is shocked. Mary looks at Louise. Louise looks at Mary.

"Does anyone want a glass of champagne?" says Mary.

Now that is a bargain!

CHAPTER 6
The Goat / common present tense verbs

Ollie acorda. O sol está brilhando. Ele se lembra: é sábado. Hoje seu pai não **trabalha**. Isso significa que Ollie e o pai **fazem** algo juntos. O que eles podem fazer? Ollie **quer** ir ao cinema. Ele também quer jogar videogames.

Ollie tem doze anos. Ele **vai** à escola. No sábado, ele não vai à escola. Ele **usa** o sábado para fazer o que quer. O pai deixa Ollie decidir. Então Ollie quer fazer algo divertido.

— Paaai! — **chama** Ollie. — **Venha** aqui!

Ollie espera.

O pai entra no quarto de Ollie.

— Hoje é sábado — **diz** Ollie.

— Eu **sei**, filho — diz o pai do Ollie.

— Quero fazer algo divertido! — diz Ollie.

— Eu também — diz o pai.

— O que podemos fazer? — **pergunta** Ollie.

— O que você quer fazer?— pergunta o pai.

— Ir ao cinema — diz Ollie.

— Nós sempre vamos ao cinema no sábado — diz o pai do Ollie.

— Jogar videogames — diz Ollie.

— Jogamos videogames todos os dias! — diz o pai.

— Ok, ok — diz Ollie. Ele **pensa**. Ele se lembra de seu professor na escola. Seu professor **diz** aos alunos para saírem de casa. O professor ensina que o ar fresco é bom. Na escola, eles estudam os animais. Ollie aprende sobre animais da selva, animais do oceano e animais da fazenda.

É isso!

— Pai, vamos a uma fazenda! — diz Ollie. O pai do Ollie acha que é uma ótima ideia. Ele sempre quis **ver** e tocar os animais da fazenda.

Eles pegam o carro. O pai dirige para a zona rural. Eles veem uma placa que diz "Fazenda de Animais". Eles seguem as placas e estacionam o carro.

Ollie e o pai compram ingressos para entrar. Os ingressos custam $5. Eles deixam a bilheteria. Há um grande prédio de madeira, a casa da fazenda. Atrás da casa há um enorme campo. O campo tem árvores, grama e cercas. Em cada cerca há um tipo diferente de animal. Há centenas de animais.

Ollie está animado. Ele vê galinhas, cavalos, patos e porcos. Ele os toca e os escuta. Ollie **faz** um som para cada animal. Para os patos, ele diz "quack". Para os porcos, ele diz "óinc". Para os cavalos, ele diz "hinn". Para as galinhas, ele diz "cocó". Os animais olham fixamente para Ollie.

Depois dos animais em gaiolas, Ollie vê um rebanho de ovelhas. O pai lhe diz que as ovelhas são as fêmeas. Os machos são chamados carneiros. Os filhotes de ovelha são chamados cordeiros. As ovelhas estão comendo grama.
— Elas podem nos ver — diz o pai.

— Mas elas não estão olhando para nós — diz Ollie.

— As ovelhas podem ver o que está atrás delas. Elas não precisam virar a cabeça — diz o pai. O pai do Ollie sabe muito sobre ovelhas.

— Eles cortam o pelo das ovelhas na primavera — diz o pai. Ele diz ao Ollie que a lã das ovelhas **se transforma** em suéteres, cachecóis e outras roupas quentes. Ollie tem um suéter feito de lã. Ele é quente.

Ollie e o pai andam pelo campo. A grama é verde. Há vacas em um canto. Uma das vacas alimenta um bezerro.

— Você sabe o que as vacas fazem, Ollie? — pergunta o pai.

— Dã! Leite! — diz Ollie.

— Isso mesmo — diz o pai.

Ollie ouve o som de um animal. Ele **pega** a mão do pai. Eles caminham na direção do som. Eles chegam a uma cerca. Eles **encontram** uma cabra. A cabra está com os chifres presos na cerca. A cabra está sentada no chão. Ela não se move. Seus chifres estão entre as tábuas e ela não pode se mover. Ollie e o pai **olham** para a cabra.

— Estou com muita pena da cabra — diz Ollie. Ela parece triste.

— Coitada! — diz o pai.

— Ela parece tão triste — diz Ollie.

— Podemos ajudá-la — diz o pai.

— Sim! — diz Ollie.

Eles se aproximam da cabra. Ollie está nervoso. O pai diz para ele não se preocupar. Os chifres estão presos e a cabra não vai machucá-los. Ollie olha nos olhos da cabra. A cabra **precisa** de ajuda. Ollie fala com a cabra. Ele **tenta** fazer sons suaves. Ele quer manter a cabra calma.

O pai do Ollie tenta mover os chifres. Ele tenta o chifre direito. Ele tenta o chifre esquerdo. Eles não se movem. Depois de dez minutos, eles **desistem**.

— Não consigo — diz o pai do Ollie.

— Você tem certeza? — pergunta Ollie.

— Os chifres estão presos — diz o pai.

— O que fazemos? — pergunta Ollie.

A área ao redor da cabra é lama. Não há mais grama. O pai do Ollie pega um pouco de grama do chão e a traz para a cabra. A cabra come a grama. A cabra parece faminta. A grama acaba. Ollie pega mais grama para dar para a cabra. Eles fazem carinho na cabra por alguns minutos. A cabra parece agradecida.

— Vamos avisar o dono — diz o pai.

— Sim — diz Ollie. — Talvez eles possam ajudá-la.

Ollie e o pai vão para a bilheteria. A bilheteria é um pequeno prédio na entrada. Um homem trabalha lá. Ollie e o pai entram.

— Olá, senhor — diz o pai do Ollie.

— Como posso ajudá-los? — pergunta o homem.

— Há uma cabra... — diz o pai do Ollie.

O homem interrompe o pai do Ollie. Ele acena com a mão. Ele parece entediado. — Sim, nós sabemos.

— Você sabe sobre a cabra? — pergunta Ollie.

— A cabra presa na cerca? — pergunta o homem.

— Sim! — dizem Ollie e o pai.

— Ah sim, é a Patty — diz o homem. — Ela pode se soltar quando quiser. Ela só gosta de atenção.

Ollie **dá** um olhar surpreso ao pai. Ollie e o pai riem.

— Patty, que cabra! — diz Ollie.

RESUMO
Ollie acorda no sábado. Ele e seu pai decidem fazer algo divertido. Eles vão para uma fazenda para ver animais. Eles veem e tocam muitos animais: vacas, cavalos, ovelhas e muito mais. Eles andam pela fazenda. É um belo dia. Eles encontram uma cabra presa em uma cerca. Eles tentam ajudar a cabra. A cabra está presa pelos chifres. Eles lhe dão grama. Ollie e o pai vão **buscar** ajuda. O homem da bilheteria os escuta. Ele diz que a cabra gosta de enganar as pessoas para ganhar atenção. Ollie e o pai riem.

LISTA DE VOCABULÁRIO

To work	Trabalhar
To do	Fazer
To want	Querer
To go	Ir
To use	Usar
To call	Chamar
To come	Vir
To say	Dizer
To know	Saber
To ask	Perguntar
To think	Pensar
To tell	Dizer
To see	Ver
To become	Se transformar
To make	Fazer
To take	Pegar
To find	Encontrar
To feel	Sentir
To look	Olhar
To get	Buscar
To need	Precisar
To try	Tentar
To give	Dar

PERGUNTAS

1) O que Ollie e o pai decidem fazer no sábado?
    a) ir ao cinema
    b) Ir a uma fazenda
    c) jogar videogames
    d) ir à escola

2) Sobre que animal o pai do Ollie sabe muito?
    a) ovelha
    b) porco
    c) girafa
    d) vaca

3) O que está acontecendo com a cabra?
    a) ela está escondida
    b) ela está comendo
    c) ela está presa
    d) ela está com raiva

4) O que Ollie e o pai fazem pela cabra?
    a) soltam
    b) dão grama e fazem carinho
    c) chamam a polícia para buscá-la
    d) beijam

5) O que a Patty faz?
    a) Deixa a fazenda
    b) ela come lixo
    c) vai para a bilheteira
    d) finge que está presa para chamar atenção

RESPOSTAS

1) O que Ollie e o pai decidem fazer no sábado?
    b) Ir a uma fazenda

2) Sobre que animal o pai do Ollie sabe muito?
    a) ovelha

3) O que está acontecendo com a cabra?
    c) ela está presa

4) O que Ollie e o pai fazem pela cabra?
    b) dão grama e fazem carinho

5) O que a Patty faz?
    d) finge que está presa para chamar atenção

Translation of the Story
The Goat

Ollie wakes up. The sun is shining. He remembers: it is Saturday. Today his dad does not **work**. That means Ollie and his dad **do** something together. What can they do? Ollie **wants** to go to the movies. He also wants to play video games.

Ollie is twelve years old. He goes to school. Saturday he does not go to school. He **uses** Saturday to do what he wants. His dad lets him decide. So Ollie wants to do something fun.

"Daaaaaad!" **calls** Ollie. "**Come** here!"

Ollie waits.
His dad enters Ollie's bedroom.

"Today is Saturday," **says** Ollie.

"I **know**, son," says Ollie's dad.

"I want to do something fun!" says Ollie.

"Me too," says Dad.

"What can we do?" **asks** Ollie.

"What do you want to do?" asks his dad.

"Go to the movies," says Ollie.

"We always go to the movies on Saturday," says Ollie's dad.

"Play video games," says Ollie.

"We play video games everyday!" says Dad.

"Ok, ok," says Ollie. He **thinks**. He remembers his teacher at school. His teacher **tells** the students to go outside. The teacher tells them the fresh air is good. At school, they study animals. Ollie learns about animals in the jungle, animals in the ocean, and animals on farms.

That's it!

"Dad, let's go to a farm!" says Ollie. Ollie's dad thinks that is a great idea. He has always wanted to **see** and touch farm animals.
They take the car. Ollie's dad drives to the countryside. They see a sign that says "Animal Farm". They follow the signs and park the car.

Ollie and his dad buy tickets to enter. Tickets cost $5. They leave the ticket office. There is a big wooden building, the farmhouse. Behind the farmhouse, there is a huge field. The field has trees, grass, and fences. In each fence is a different type of animal. There are hundreds of animals.

Ollie is excited. He sees chickens, horses, ducks, and pigs. He touches them and listens to them. Ollie **makes** a sound to each animal. To the ducks, he says "quack". To the pigs, he says "oink". To the horses, he says "nay". To the chickens, he says "bok bok". The animals stare at Ollie.

Past the animals in cages, Ollie sees a flock of sheep. Ollie's dad tells him that female sheep are called ewes. Male sheep are rams. Baby sheep are called lambs. The sheep are eating grass.
"They can see us," says Dad.

"But they are not looking at us," says Ollie.

"Sheep can see behind themselves. They don't have to turn their heads," says Dad. Ollie's dad knows a lot about sheep.

"They cut the hair on the sheep in spring," says Dad. He tells Ollie how the sheep's wool **becomes** sweaters, scarves and other warm clothing. Ollie has a sweater made of wool. It is warm.

Ollie and his dad walk around the field. The grass is green. There are cows in a corner. One of the mother cows feeds a baby calf.

"You know what cows make, Ollie?" asks Dad.

"Duh! Milk!" says Ollie.

"That's right," says Dad.

Ollie hears an animal sound. He **takes** his dad's hand. They walk towards the sound. They come to a fence. They **find** a goat. The goat has horns stuck in the fence. The goat sits on the ground. It does not move. Its horns are between the wood and it can't move. Ollie and his dad **look** at the goat.

"I feel so bad for the goat," says Ollie. She seems sad.

"Poor guy!" says Dad.

"He looks so sad," says Ollie.

"We can help him," Dad says.

"Yeah!" says Ollie.

They get close to the goat. Ollie is nervous. Dad says not to worry. The horns are stuck and the goat will not hurt them. Ollie looks into the eyes of the goat. The goat **needs** help. Ollie talks to the goat. He **tries** to make soft sounds. He wants to keep the goat calm.

Ollie's dad tries to move the horns. He tries the right horn. He tries the left horn. They don't move. After ten minutes, they **give up**.

"I can't do it," says Ollie's dad.

"Are you sure?" asks Ollie.

"The horns are stuck," says Dad.

"What do we do?" asks Ollie.

The area around the goat is mud. There is no grass left. Ollie's dad takes some grass from the ground and brings it to the goat. The goat eats the grass. The goat looks hungry. The grass is gone. Ollie gets more grass to take to the goat. They pet the goat for a few minutes. The goat seems grateful.

"Let's tell the owner," says Dad.

"Yeah," says Ollie. "Maybe they can help her."

Ollie and his dad go to the ticket office. The ticket office is a small building at the entrance. A man works there. Ollie and his dad go inside.

"Hello, sir," says Ollie's dad.

"How can I help you?" asks the man.

"There's a goat—" says Ollie's dad.

The man interrupts Ollie's dad. He waves his hand. He looks bored. "Yeah, we know."

"You know about the goat?" asks Ollie.

"The goat stuck in the fence?" asks the man.

"Yes!" say Ollie and his dad.

"Oh yes, that's Patty," says the man. "She can get herself out whenever she wants. She just likes the attention."

Ollie **gives** his dad a surprised look. Ollie and his dad laugh.

"Patty, what a goat!" Ollie says.

Portuguese Short Stories for Beginners Book 3

Over 100 Dialogues and Daily Used Phrases to Learn Portuguese in Your Car. Have Fun & Grow Your Vocabulary, with Crazy Effective Language Learning Lessons

www.LearnLikeNatives.com

CHAPTER 7
The Car / emotions

HISTÓRIA

Quentin está **interessado** em carros. Ele olha fotos de carros. Ele lê sobre carros a noite toda, todas as noites. Quando ele está **entediado**, ele olha o Instagram. As contas que ele segue são todas sobre carros.

A namorada de Quentin é a Rashel. Rashel acha a obsessão de Quentin **divertida**. Carros não lhe interessam.

Quentin tem um carro. Quentin dirige um Honda Accord 2000. Seu carro é verde. Quentin se sente constrangido pelo seu carro. Ele quer um carro legal. Ele quer um carro para dirigir pela cidade com Rashel. Ele sonha com carros bons, carros caros. Ele quer um carro grande. Carros pequenos são sem graça.

Ultimamente, Quentin olha para seu telefone o tempo todo. Quando Rashel olha para ele, Quentin esconde o telefone.

— Quentin, por que você esconde o telefone de mim? — pergunta Rashel.

— Por nada — diz Quentin.

— Isso não é verdade! — diz Rashel.

— Juro que é! — diz Quentin.
— Então me deixe ver a tela — diz Rashel.

— Não é nada — diz Quentin. — Esquece.

Rashel está **desconfiada**. Quentin está escondendo algo.

Uma noite, Rashel faz o jantar. O telefone de Quentin toca. Ela não conhece o número. Quentin atende o telefone.

— Alô? Ah. Vou te ligar mais tarde — diz Quentin. Ele desliga.

— Quem é? — diz Rashel.

— Ninguém — diz Quentin.

— É uma menina? — pergunta Rashel. Ela está **enciumada**.

— Não, não é — diz Quentin.

— Então quem é? — pergunta Rashel.

— Ninguém — diz Quentin.

— Por que você não me diz? — pergunta Rashel.

Ele está tão bravo. Quentin sai da casa. Ele deixa a comida na mesa. Ela esfria. Rashel está **triste**. O jantar é um desperdício. Rashel liga para sua amiga. Elas falam sobre o jantar. A amiga de Rashel acha que Quentin está com outra menina. Rashel **não tem certeza**. Quentin está escondendo algo. Ela tem certeza.

Quentin senta em seu carro. Ele abre seu laptop. Ele pesquisa anúncios de carros usados. Há carros baratos e carros caros. Ele está **esperançoso**. Ele procura um carro que seja um bom negócio. Ele tem um pouco de dinheiro. Ele e Rashel economizam dinheiro. Eles o usam para sair de férias. Este ano, Quentin quer um carro, não férias.

Ele vê um anúncio sobre um carro velho. O carro é do ano de 1990. O carro é um Jeep. O modelo é um Grand Wagoneer. Ele está **curioso** sobre o carro. Nenhum carro se parece com este. Ele tem madeira do lado de fora. Quentin acha isso legal.

O Quentin liga para o número do anúncio.

— Alô — diz um homem.

— Olá — diz o Quentin. — Estou ligando por causa do carro.

— Qual carro? — pergunta o homem.

— O Jeep — diz Quentin. — Eu fico com ele.

— Ok — diz o homem.

— Vou buscá-lo amanhã — diz Quentin.

— Ok! — diz o homem. Ele desliga o telefone.

Quentin volta para casa. Ele se sente **culpado**. O jantar está frio. Ele come mesmo assim. Ele está **nervoso**. O que Rashel vai pensar sobre o carro?

No dia seguinte, Quentin busca o carro. Quentin ama o carro novo. Seu carro é um Jeep Grand Wagoneer 1990. É um carro grande. Tem painéis de madeira nas laterais.

Quentin dirige até em casa. O carro tem 120.000 quilômetros. Tem cerca de 30 anos. O carro está em muito bom estado. Tudo funciona. O interior está como novo. O carro novo de Quentin é especial. Ele não se sente **envergonhado** por dirigi-lo. Pelo contrário, ele se sente **orgulhoso** dirigindo pela cidade. Como não amar?

Ele bate na porta. Rashel a abre.

— Rashel — diz ele. — Veja! — Quentin aponta para o carro.

— Você tem um carro novo? — ela pergunta.

— Sim — diz Quentin. Ele convida Rashel para andar no carro. Os dois dirigem pela cidade. Quentin dirige devagar. Muitas pessoas olham para o carro. É um carro especial. Vários homens parecem ficar **com inveja**. Eles querem um carro legal. Quentin está finalmente feliz.

Quentin passa todos os dias com o Jeep. Ele dirige. Às vezes ele não tem para onde ir. Ele só dirige pela cidade. Ele ama o carro. Ele se sente **confiante** no Jeep. Ele passa todas as noites limpando o carro. Ele dá polimento nas portas e janelas todas as noites. Rashel espera por ele. Ele está atrasado para o jantar. Isso deixa Rashel **enfurecida**. Ela odeia o Jeep Wagoneer. Ela acha que Quentin ama o carro mais do que ela. Ela diz isso a Quentin e ele diz a ela para não ser **burra**. Ele lhe dá um abraço **carinhoso**. Ele quer mostrar a ela que ela está errada.

No sábado, Rashel e Quentin vão ao supermercado. Quentin dirige o carro. As janelas estão abertas. Quentin usa óculos escuros. Ele parece **confiante** e seguro de si mesmo. Ele estaciona o carro. Os dois entram no supermercado.

Eles vão comprar frutas.

— Quentin, você pode pegar quatro maçãs? — pergunta Rashel. Quentin vai pegar as frutas. Ele retorna. Mas ele tem quatro laranjas.

— Quentin, eu disse maçãs! — diz Rashel.

— Sim, eu sei — diz Quentin.

— Isso são laranjas! — diz Rashel.

— Oh, desculpe — diz Quentin. Ele está **distraído**. Ele não consegue se concentrar.

— O que há de errado? — pergunta Rashel.

— Nada — diz Quentin.

— Em que você está pensando? — ela pergunta.

— Em nada — diz Quentin. Ele tem um olhar **ansioso**. Ele tem um olhar **preocupado** nos olhos.

— Você está pensando no carro? — pergunta Rashel.

— Não — diz Quentin.

— Sim, você está! Eu sei! Vá pegar as maçãs — diz Rashel. Ela está **determinada** a fazer Quentin prestar atenção. Quentin volta com as maçãs. Ele as coloca no carrinho. Eles terminam de fazer compras. Quentin está quieto. Ele parece **retraído**. Eles vão para o carro.

O estacionamento está cheio. Quentin inspeciona o jipe com cuidado. Ele tem medo de encontrar marcas ou arranhões. Uma porta de carro deixa marcas quando bate em outra porta. Agora há muitos carros. Ele não vê nenhum arranhão. Quentin abre o carro. Ele entra.

Rashel coloca as compras no carro. Ela devolve o carrinho para a loja. Ela abre a porta e entra.

— Quentin, eu estou **infeliz** — diz ela. Ela está chorando.

— O quê? — diz Quentin. Ele está **surpreso**. O que está errado?

— Você só se importa com o carro — diz Rashel.

— Isso não é verdade — diz Quentin.

— Você não me ajuda a fazer nada — diz Rashel.

— Eu ajudo! Eu me importo com você — diz Quentin.

— Se você se importa comigo, venda esse carro — diz Rashel.

RESUMO

Quentin quer um carro novo. Ele esconde sua pesquisa de sua namorada, Rashel. Ela pergunta quem está ligando. Ela pergunta o que ele está olhando. Mas Quentin mantém sua busca em segredo. Quentin encontra um carro que ele ama. Ele finalmente está feliz. No entanto, ele é muito obcecado com o carro. Rashel fica com ciúmes. Quentin não pode se concentrar na mercearia. Ele está preocupado que alguém vai arranhar o carro. Quentin não ajuda Rashel com as compras. Ela fica com raiva. Ela diz a Quentin que ele deve escolher entre ela e o carro.

LISTA DE VOCABULÁRIO

Interested	Interessado
Bored	Entediado
Amused	Divertido
Suspicious	Desconfiado
Embarrassed	Constrangido
Jealous	Enciumado
Angry	Bravo
Sad	Triste
Hopeful	Esperançoso
Curious	Curioso
Guilty	Culpado
Nervous	Nervoso
Ashamed	Envergonhado
Proud	Orgulhoso
Envious	Com inveja
Happy	Feliz
Enraged	Enfurecido
Stupid	Burro
Loving	Carinhoso
Confident	Confiante
Distracted	Distraído
Anxious	Ansioso
Worried	Preocupado
Determined	Determinado
Withdrawn	Retraído
Miserable	Infeliz
Suprised	Surpreso

PERGUNTAS

1) O que Quentin pensa sobre seu carro no início da história?
    a) ele o ama
    b) ele fica constrangido
    c) é novo demais
    d) é caro demais

2) Por que Rashel fica com brava no jantar?
    a) ela acha que uma menina está ligando para Quentin
    b) ela tem fome
    c) Quentin está atrasado
    d) O Quentin esqueceu de comprar pão

3) O que Quentin faz no supermercado?
    a) ele paga por tudo
    b) ele pega laranjas em vez de maçãs
    c) ele derrama leite
    d) ele presta atenção em Rashel

4) O que Quentin pensa sobre seu carro novo?
    a) é novo demais
    b) é pequeno demais
    c) ele tem orgulho do carro
    d) ele tem vergonha do carro

5) No final da história, Quentin e Rashel:
    a) se beijam
    b) fazem as pazes
    c) saem da loja
    d) tem uma briga

RESPOSTAS

1) O que Quentin pensa sobre seu carro no início da história?
    b) ele fica constrangido

2) Por que Rashel fica brava no jantar?
    a) ela acha que uma menina está ligando para Quentin

3) O que Quentin faz no supermercado?
    b) pega laranjas em vez de maçãs

4) O que Quentin pensa sobre seu carro novo?
    c) ele tem orgulho do carro

5) No final da história, Quentin e Rashel:
    d) ter uma briga

Translation of the Story
The Car

STORY

Quentin is **interested** in cars. He looks at pictures of cars. He reads about cars all night, every night. When he is **bored**, he scrolls through Instagram. The accounts he follows are all about cars.

Quentin's girlfriend is Rashel. Rashel is **amused** by Quentin's obsession. Cars do not interest her.

Quentin has a car. Quentin drives a 2000 Honda Accord. His car is green. Quentin feels **embarrassed** by his car. He wants a cool car. He wants a car to drive around town with Rashel. He dreams of nice cars, expensive cars. He wants a big car. Small cars are boring.

Lately, Quentin looks at his phone all the time. When Rashel looks at it, Quentin hides the phone.

"Quentin, why do you hide the phone from me?" asks Rashel.

"No reason," says Quentin.

"That's not true!" says Rashel.

"I promise it is!" says Quentin.

"Then let me see the screen," says Rashel.

"It's nothing," says Quentin. "Forget about it."

Rashel is **suspicious**. Quentin is hiding something.

One night, Rashel makes dinner. Quentin's phone rings. She does not know the number. Quentin answers the phone.

"Hello? Oh. I will call you later," says Quentin. He hangs up.

"Who is it?" says Rashel.

"Nobody," says Quentin.

"Is it a girl?" asks Rashel. She is **jealous**.
"No it is not," says Quentin.

"Then who is it?" asks Rashel.

"Nobody," says Quentin.

 "Why won't you tell me?" asks Rashel.

He is so **angry**; Quentin walks out of the house. He leaves the food on the table. It gets cold. Rashel is **sad**. The dinner is a waste. Rashel calls her friend. They talk about the dinner. Rashel's friend thinks Quentin is with another girl. Rashel is unsure. Quentin is hiding something. She is sure.

Quentin sits in his car. He opens his laptop. He searches adverts for second-hand cars. There are cheap cars and expensive cars. He is **hopeful**. He looks for a car that is a good bargain. He has a little money. He and Rashel save money. They use it for vacation. This year, Quentin wants a car, not a vacation.

He sees an advert about an old car. The car is from the year 1990. The car is a Jeep. The model is a Grand Wagoneer. He is **curious** about the car. No cars look like this car. It has wood on the outside. Quentin thinks that is cool.

Quentin calls the number on the advert.

"Hello," says a man.

"Hello," says Quentin. "I am calling about the car."

"Which car?" asks the man.

"The Jeep," says Quentin. "I'll take it."

"Ok," says the man.

"I'll come get it tomorrow," says Quentin.

"Ok!" says the man. He hangs up the phone.

Quentin goes back to the house. He feels **guilty**. Dinner is cold. He eats it anyway. He is **nervous**. What will Rashel think about the car?

The next day, Quentin gets the car. Quentin loves the new car. His car is a 1990 Jeep Grand Wagoneer. It is a big car. It has wood panels along the side.

Quentin drives to the house. The car has 120,000 kilometers. It is about 30 years old. The car is in very good condition. Everything works. The interior is like new. Quentin's new car is special. He does not feel **ashamed** driving. On the contrary, he feels **proud** driving through town. What is not to love?

He knocks on the door. Rashel opens it.

"Rashel," he says. "Look!" Quentin points at the car.

"You have a new car?" she asks.

"Yes," says Quentin. He invites Rashel to ride. The two drive around town. Quentin drives slow. Many people stare at the car. It is a special car. Several men look **envious**. They want a cool car. Quentin is finally **happy**.

Quentin spends every day with the Jeep. He drives it. Sometimes he has nowhere to go. He just drives around town. He loves the car. He feels **confident** in the Jeep. He spends every evening cleaning the car. He polishes the doors and windows every night. Rashel waits for him. He is late for dinner. This makes Rashel **enraged**. She hates the Jeep Wagoneer. She thinks Quentin loves the car more than he loves her. She tells Quentin this and he tells her not to be **stupid**. He gives her a **loving** hug. He wants to show her she is wrong.

On Saturday, Rashel and Quentin go to the supermarket. Quentin drives them. The windows are down. Quentin wears sunglasses. He looks **confident** and sure of himself. He parks the car. The two go into the supermarket.

They shop for fruit.

"Quentin, can you get four apples?" asks Rashel. Quentin goes to get the fruit. He returns. But he has four oranges.

"Quentin, I said apples!" says Rashel.

"Yeah, I know," says Quentin.

"These are oranges!" says Rashel.

"Oh, sorry," says Quentin. He is **distracted**. He cannot concentrate.

"What is wrong?" asks Rashel.

"Nothing," says Quentin.

"What are you thinking about?" she asks.

"Nothing," says Quentin. He has an **anxious** look. He has a **worried** look in his eyes.

"Are you thinking about the car?" asks Rashel.

"No," says Quentin.

"Yes you are! I know it! Go get me some apples," says Rashel. She is **determined** to make Quentin pay attention. Quentin brings back the apples. He puts them in the cart. They finish grocery shopping. Quentin is quiet. He seems **withdrawn**. They go to the car.

The parking lot is full. Quentin inspects the Jeep carefully. He is **afraid** of marks or scratches. A car door leaves marks when it hits another door. There are many cars now. He does not see any scratches. Quentin unlocks the car. He gets in.

Rashel puts the groceries in the car. She returns the cart to the store. She opens the door and gets in.

"Quentin, I am **miserable**," she says. She is crying.

"What?" says Quentin. He is **surprised**. What is wrong?

"You only care about the car," says Rashel.

"That's not true," says Quentin.
"You don't help me do anything," says Rashel.

"I do! I care about you," says Quentin.

"If you care about me, sell this car," says Rashel.

CHAPTER 8
Going to A Meeting / telling time

Thomas deixa seu prédio. É um belo dia. O sol brilha. O ar é fresco. Thomas tem uma reunião importante hoje. Thomas é o CEO de uma empresa. Hoje ele se reúne com novos investidores. Ele está preparado para a reunião. Ele se sente relaxado.

São **oito horas da manhã**. Thomas caminha pelas ruas da cidade. Ele está adiantado. Ele quer ter **tempo** a mais. Não quer chegar atrasado. Ele não quer estressar.

Thomas vive em uma cidade grande. Há prédios altos por toda parte. Táxis passam por ele. Muitos carros passam. Thomas gosta de andar. Às vezes ele pega o metrô.

Thomas quer tomar café da manhã. Ele para em um café. O café está tranquilo. Tem música tocando. Thomas quer um bolinho.

— O que você gostaria? — pergunta a barista.

— Um bolinho, por favor — diz Thomas.

— De mirtilo ou chocolate? — pergunta a barista.

— De mirtilo, por favor — diz Thomas.

— Algo para beber? — pergunta a barista.

— Um café — diz Thomas.

— Preto? — pergunta a barista.

— Não, com um pouco de creme — diz ele.

— Para levar? — pergunta a barista. Thomas olha para o seu relógio. São **oito e meia**. Ele tem tempo.

— Para tomar aqui — diz Thomas. Ele se senta e come. Ele observa as pessoas passarem. Thomas olha para seu relógio novamente. São nove horas **em ponto**. Ele se levanta. Thomas joga fora o lixo e vai ao banheiro. Ele tira o relógio para lavar as mãos. Seu relógio é de ouro e ele não gosta de molhá-lo. Seu telefone toca.

— Alô — diz Thomas.

— O senhor está no escritório? — pergunta a secretária de Thomas.

— Ainda não — diz Thomas. — Estou a caminho.

Ele deixa o café. Thomas caminha em direção ao metrô. Ele tem tempo, então não precisa pegar um táxi. Ele olha para o relógio novamente. Mas seu relógio não está no seu pulso. Thomas entra em pânico. Ele pensa no que fez essa manhã. Ele deixou o relógio em casa? Não. Ele se lembra de tirar o relógio e lavar as mãos. O relógio está no café.

Thomas corre de volta para o café.

— Com licença — ele diz à barista.

— Você tem com um relógio de ouro? — Ele pergunta.

— Só um **segundo** — diz a barista. Ela pergunta aos colegas. Ninguém tem o relógio.

— Não — diz a barista. Thomas vai ao banheiro. Ele olha pela pia. O relógio não está lá. Alguém tem o relógio, pensa Thomas. Ele não tem mais tempo para procurar.

— Com licença — diz ele à barista outra vez.

— **Que horas são?** — ele pergunta.

— **Dez e nove da manhã** — diz a barista.

— Obrigado — diz Thomas. Thomas se apressa. Ele tem a reunião às **quinze para** as onze. Ele corre para a parada do metrô. Há uma longa fila para comprar passagens. Ele espera por cinco **minutos.**

— Você tem horas? — Thomas pergunta a uma mulher.

— São dez **e trinta** — diz ela. Thomas está atrasado. Ele deixa a longa fila. Ele vai para a rua. Ele acena para um táxi. Todos os táxis estão ocupados. Finalmente, um táxi para. Thomas entra no táxi.

— Para onde você está indo? — pergunta o motorista.

— Para a 116 th com a Park — diz Thomas.

— Ok — diz o motorista.

— Por favor, vá rápido — diz Thomas. — Preciso chegar **a tempo** para uma reunião.—

— Sim, senhor — diz o motorista.

Thomas chega ao escritório. Ele sai do táxi e sobe as escadas. Sua secretária diz olá. Thomas está suado!

— Senhor, a reunião é **em uma hora** — diz o secretário. Thomas limpa o suor do rosto.

— Ótimo — diz Thomas. Ele se prepara para a reunião. Sua camisa está suada. Cheira mal. Thomas decide comprar uma camisa nova para a reunião.

Thomas vai à loja na mesma rua.

— Olá, senhor — diz a vendedora. — Como podemos ajudá-lo?

— Preciso de uma camisa nova — diz Thomas. A vendedora leva Thomas para ver as camisas. Há camisas rosas, camisas marrons, camisas listradas e camisas xadrezes. A vendedora fala muito. Thomas está nervoso por causa do horário.

— **Que horas são?** — Thomas pergunta à vendedora.

— É **quase meio-dia** — diz a vendedora.

— Ok — diz Thomas. — Quero a camisa marrom. — A vendedora leva a camisa marrom para a caixa registradora. Ela dobra a camisa. Ela **não tem pressa.**

O telefone de Thomas toca. É sua esposa.

— Querida, jantamos às sete **da noite** — diz ela.

— Está bem, querida — diz o Thomas. — Não posso falar agora.

— Ok — diz ela. — Só não quero que você chegue em casa às nove **da noite**.

— Não se preocupe — diz Thomas.

— Tchau — diz sua esposa. Thomas desliga o telefone.

— Desculpe — diz Thomas. — Estou com pressa. Não precisa embrulhar a camisa.

— Ok — ela diz. Thomas paga e sai da loja. Ele muda de camisa enquanto caminha pela rua. As pessoas olham. Ele corre para o escritório.

— **Já estava na hora** — diz sua secretária quando ele entra. Eles estão esperando na sala de reunião. Os investidores se sentam em torno da mesa. Thomas diz olá.

— Gosto da sua camisa, Thomas — diz um dos investidores.
— Obrigado — diz Thomas. — Ela é nova. — Thomas põe o telefone na mesa e liga o computador.

— Obrigado por terem vindo — diz Thomas. — Tenho uma apresentação. Tem cerca de quinze minutos de duração.

Thomas se vira para sua secretária. — Que horas são?

— São **doze e quinze** — diz ela.

— Obrigado — diz Thomas. — Meu relógio sumiu.

— Por que você não vê as horas no seu telefone? — diz um dos investidores.

— Claro — diz Thomas. Ele está tão acostumado com seu relógio que esquece que pode ver as horas no telefone!

— Eu devo ser a última pessoa no mundo a usar apenas relógio **para ver as horas** — diz Thomas. Todo mundo ri.

RESUMO
Thomas começa seu dia com tempo de sobra. Ele toma café da manhã e relaxa. Ele vai ao banheiro e deixa seu relógio no banheiro. Quando ele percebe, ele volta para o café. O relógio sumiu. Agora ele precisa perguntar a todos que horas são. Ele chega tarde ao escritório. Felizmente, sua reunião é adiada em uma hora. Ele sai para comprar uma camisa nova. Isso leva mais tempo do que ele espera. Ele corre para a reunião. Quando ele pergunta as horas novamente, ele percebe que poderia simplesmente ver as horas no seu telefone. A reunião começa.

LISTA DE VOCABULÁRIO

It is ___ o'clock	São ___ horas
In the morning	Da manhã
Time	Tempo
Half past ___	___ e meia
On the dot	Em ponto
Second	Segundo
What time is it?	Que horas são?
___ oh ___	___ e ___
A.m.	Da manhã
A quarter to ___	Quinze para ___
Minutes	Minutos
Do you have the time?	Você tem horas?
___ thirty	___ e trinta
On time	A tempo
In an hour	Em uma hora
What's the time?	Que horas são?
Nearly	Quase
Noon	Meio-dia
Takes her time	Não tem pressa
P.m.	Da tarde/da noite
At night	Da noite
About time	Já estava na hora
___ minutes long	___ minutos de duração
___ fifteen	___ 15
Tell the time	Ver as horas

PERGUNTAS

1) Por que Thomas perde seu relógio?
    a) Ele cai
    b) Ele deixa um estranho segurá-lo
    c) Ele faz uma aposta
    d) Ele o tira para lavar as mãos

2) Onde vive Thomas?
    a) em uma pequena cidade
    b) em uma cidade com poucos meios de transporte
    c) em uma cidade grande
    d) na zona rural

3) Thomas tem sorte porque:
    a) ele tem bons colegas de trabalho
    b) sua reunião é adiada
    c) o metrô não está cheio
    d) ele não perde seu relógio

4) Thomas diz à vendedora para não embrulhar a camisa porque:
    a) ele está atrasado para a sua reunião
    b) o suor em sua camisa está aparecendo
    c) sua esposa espera no telefone
    d) ele odeia desperdiçar sacolas

5) Todo mundo ri no final da história porque:
    a) a camisa de Thomas está suada
    b) Thomas está envergonhado
    c) Thomas esquece que se pode ver as horas no telefone
    d) Thomas perde seu relógio.

RESPOSTAS

1) Por que Thomas perde seu relógio?
    d) Ele o tira para lavar as mãos

2) Onde vive Thomas?
    c) em uma cidade grande

3) Thomas tem sorte porque:
    b) a sua reunião é adiada

4) Thomas diz à vendedora para não embrulhar a camisa porque:
    a) Ele está atrasado para a sua reunião

5) Todo mundo ri no final da história porque:
    c) Thomas esquece que se pode ver as horas no telefone

Translation of the Story
Going to A Meeting

STORY

Thomas leaves his apartment building. It is a beautiful day. The sun shines. The air is fresh. Thomas has an important meeting today. Thomas is the CEO of a company. Today he meets with new investors. He is prepared for the meeting. He feels relaxed.

It is **eight o'clock in the morning**. Thomas walks down the city street. He is early. He wants extra **time**. He does not want to be late. He does not want to stress.

Thomas lives in a big city. There are tall buildings everywhere. Taxis drive by. Lots of cars drive by. Thomas likes to walk. Sometimes he takes the subway.

Thomas wants to eat breakfast. He stops at a café. The café is relaxed. Music plays. Thomas wants a baked good.

"What would you like?" asks the barista.

"A muffin please," says Thomas.

"Blueberry or chocolate?" asks the barista.

"Blueberry, please," says Thomas.

"Anything to drink?" asks the barista.

"A coffee," says Thomas.

"Black?" asks the barista.

"No, with a bit of cream," he says.

"To go?" asks the barista. Thomas looks at his watch. It is **half past eight.** He has time.

"For here," says Thomas. He sits down and eats. He watches people walk by. Thomas looks at his watch again. It is nine o'clock **on the dot.** He gets up. Thomas throws out the trash and goes to the bathroom. He takes off his watch to wash his hands. His watch is gold and he doesn't like to get it wet. His phone rings.

"Hello," says Thomas.
"Sir, are you at the office?" asks Thomas's secretary.

"Not yet," says Thomas. "I'm on my way."

He leaves the coffee shop. Thomas walks towards the subway. He has time, so he doesn't need a taxi. He looks at his watch again. But his watch is not there. Thomas feels panic. He thinks back over the morning. Did he leave it at home? No. He remembers taking off the watch and washing his hands. The watch is at the coffee shop.

Thomas runs back to the coffee shop.

"Excuse me," he says to the barista.

"Do you have a gold watch?" he asks.
"Just a **second**," says the barista. He asks his colleagues. No one has the watch.

"No," says the barista. Thomas goes to the bathroom. He looks by the sink. The watch is not there. Someone has the watch, Thomas thinks. He has no time to look any more.

"Excuse me," he says to the barista again.

"**What time is it?**" he asks.

"**Ten oh nine a.m.**" says the barista.

"Thanks," says Thomas. Thomas hurries. He has the meeting at a quarter to eleven. He rushes to the subway stop. There is a long line to buy tickets. He waits for five **minutes**.

"Do you have the time?" Thomas asks a woman.

"It's ten **thirty**," she says. Thomas is late. He leave the long line. He goes to the street. He waves for a taxi. All the taxis are full. Finally, a taxi stops. Thomas gets into the taxi.

"Where are you going?" asks the driver.

"To 116th and Park," says Thomas.

"Ok," says the driver.

"Please hurry," says Thomas. "I need to be **on time** for a meeting."

"Yes, sir," says the driver.

Thomas arrives to the office. He runs out of the taxi and up the stairs. His secretary says hello. Thomas is sweaty!

"Sir, the meeting is now **in an hour**," says the secretary. Thomas wipes the sweat off his face.

"Good," says Thomas. He prepares for the meeting. His shirt is sweaty. It smells bad. Thomas decides to buy a new shirt for the meeting.

Thomas goes to the store down the street.

"Hi, sir," says the salesperson. "How can we help you?"

"I need a new dress shirt," says Thomas. The salesperson takes Thomas to see the shirts. There are pink shirts, brown shirts, checked shirts, and plaid shirts. The salesperson talks a lot. Thomas is nervous about the time.

"**What's the time?**" Thomas asks the salesperson.

"It's **nearly noon**," says the salesperson.

"Ok," says Thomas. "Give me the brown shirt." The salesperson takes the brown shirt to the cash register. She folds the shirt. She **takes her time**.

Thomas's phone rings. It is his wife.

"Honey, we have dinner at seven **p.m.**," she says.

"Ok, dear," says Thomas. "I can't really talk right now."

"Ok," she says. "I just don't want you to come home at nine o'clock **at night**."

"Don't worry," says Thomas.

"Bye," says his wife. Thomas hangs up the phone.

"Excuse me," says Thomas. "I'm in a hurry. I don't need the shirt wrapped."

"Ok," she says. Thomas pays and leaves the store. He changes his shirt as he walks down the street. People stare. He hurries to the office.

"It's **about time**," says his secretary when he walks in. They are waiting in the meeting. The investors sit around the table. Thomas says hello.

"I like your shirt, Thomas," says one of the investors.

"Thanks," says Thomas. "It is new." Thomas sets his phone down and turns on his computer.

"Thank you for coming," says Thomas. "I have a presentation. It is about fifteen minutes long."

Thomas turns to his secretary. "What time is it?"

"It is **twelve fifteen**," she says.

"Thanks," says Thomas. "My watch is missing."

"Why don't you look at your phone for the time?" says one of the investors.

"Of course," says Thomas. He is so accustomed to his watch that he forgets he can look at the phone for the time!

"I must be the last person in the world to only use a watch to **tell the time**," says Thomas. Everyone laughs.

CHAPTER 9
Lunch with The Queen / to be, to have + food

HISTÓRIA

Ursula **é** uma jovem. Ela vive em Londres, Inglaterra. Ela estuda na escola. Ela adora cozinhar. Ela tem uma obsessão: a família real. Ela quer **ser** princesa.

Uma noite, Ursula está em casa. Sua mãe prepara seu jantar. Eles têm algo novo. Sua mãe traz o prato para a mesa.

— O que **são** essas coisas?— pergunta Ursula.

— São alho-poró — diz a mãe da Ursula.

— Ah, eu não gosto de alho-poró — diz Ursula.

— Experimente — diz a mãe. Ela experimenta. Ela quase vomita.

— **Estou** me sentindo mal — diz Ursula.

— Não, você não está — diz a mãe dela.

— Por favor, me dê qualquer outro **legume** — diz Ursula.
— **Cenoura, brócolis, salada**?

— Ah, Ursula, então coma a sua **carne** — diz a mãe dela. Ela liga a televisão. Elas assistem às notícias. A reportagem é sobre a rainha da Inglaterra. Ursula para de comer. Ela presta muita atenção.

— A rainha Elizabeth reina na Inglaterra há 68 anos — diz a reportagem. — Ela é casada com o Príncipe Phillip. Eles têm quatro filhos.

A reportagem fala sobre a rainha. Ela vive no Palácio de Buckingham. Ela é muito saudável, apesar de sua idade.

— Quero visitar o Palácio de Buckingham — diz Ursula.

— Sim, querida — diz sua mãe. Elas assistem ao programa. O programa anuncia uma competição especial. Uma pessoa pode ganhar uma visita ao Palácio de Buckingham. O vencedor vai **almoçar** com a rainha. Ursula dá um grito.

— Eu **tenho que** ganhar! — ela berra.

— Não sei — diz a mãe. — Muitas pessoas entram no concurso.

Ursula assiste ao programa. Ela aprende como entrar no concurso. Ela tira uma foto de si mesma comendo. Depois ela a publica nas redes sociais. Ela assiste ao programa, que fala sobre comer com a rainha. Ela assiste a eles mostrando o que aconteceu com um príncipe do Sul do Pacífico Sul.

A rainha está em um barco com o príncipe. Eles servem a **sobremesa**. O príncipe se esquece de observar a rainha. Ele pega algumas **uvas** e algumas **cerejas** das **frutas** sobre a mesa e as coloca em sua tigela. Ele derrama **creme de leite** sobre elas. Ele **polvilha** açúcar por cima. Ele começa a comer, e então percebe que a rainha não começou. Ele faz um grande erro. A rainha pega sua colher. Ela come um pouco. Isso faz o príncipe se sentir melhor. Ele está muito envergonhado.

— Há regras para comer com a rainha? — ela pergunta à mãe.

— Claro — diz sua mãe.

— Como o quê? — pergunta Ursula.

— Bem, a rainha inicia a **refeição** e termina a refeição — diz a mãe de Ursula.

— Você quer dizer que ninguém pode comer até que ela comece — diz Ursula.

— Isso mesmo — diz sua mãe. — E quando ela termina, todos também terminam.

— E se você não tiver terminado? — pergunta Ursula.

— Você termina — diz a mãe. — E você tem que esperar que a rainha se sente.

— Antes de sentar? — diz a Ursula.

— Certo — diz sua mãe. Ursula pensa sobre aquilo. Há muitas regras se você é rainha ou princesa. Ursula e sua mãe terminam de jantar. Elas vão para a cama.

Na manhã seguinte, Ursula acorda. Ela está nervosa com o concurso. Hoje eles anunciam a vencedora. Ela toma **café da manhã** com sua mãe.

— Estou nervosa — diz ela.

— Ursula, você não vai ganhar — diz sua mãe. — Tantas pessoas estão no concurso.

— Ah — diz Ursula. Ela está triste. Ela come seu **cereal**. Ela não tem fome. Seu **bacon** e **ovos** ficam no prato.

Eles ligam a televisão.

— E anunciamos o vencedor do Concurso Almoço Com A Rainha — diz o homem na TV. Ele coloca a mão em uma enorme tigela de vidro cheia de papéis. Ele revira os papéis com as mãos. Ele puxa um papel. Ele abre o papel.

— E a vencedora é... Ursula Vann! — diz ele.

Ursula olha para a mãe. A mãe olha para ela.

— Você ouviu isso? — ela pergunta. Sua mãe faz que sim com a cabeça, olhando fixamente para ela. Sua boca está aberta.

— Eu ganhei? — ela pergunta. A mãe faz que sim com a cabeça, sem palavras.

— Urrú! — grita Ursula. — Eu sabia que ia ganhar! Eu vou ver a rainha! — Ursula termina de comer e vai para a escola.

O dia seguinte é o dia do almoço com a rainha. Ursula caminha até o palácio. Ela está apavorada. Ela é apenas uma menina. É uma grande aventura para uma menina tão nova.

— Quem é você? — pergunta um guarda.

— Ursula Vann — diz ela. — Eu ganhei o concurso para almoçar com a rainha.

— Ah, olá, mocinha — o guarda diz. — Você é uma garotinha muito bonita. Entre.

— Obrigada — diz ela.

Um guarda a leva para o palácio. Ele é majestoso e muito grande. Eles andam pelos corredores. O guarda tem um chapéu engraçado. Ursula ri. Então, ela para. Eles estão na sala de jantar.

A rainha da Inglaterra está sentada à mesa! Há um prato de **sanduíches** na frente dela. Ela é pequena. Ela está feliz e está sorrindo.

— Olá, querida — diz ela.

— Olá, Vossa Majestade — diz Ursula. Ela faz uma reverência.

— Obrigada por ter vindo almoçar — diz ela.

— O prazer é meu Vossa **Majestade** — diz Ursula.

— Espero que não se importem. Vamos tomar **chá** em vez de almoçar — diz a rainha. Ela se senta novamente. Ursula se lembra das boas maneiras. Ela também se senta.

Os sanduíches são sanduíches reais, ela pensa. No entanto, eles se parecem muito com sanduíches de casa. Alguns têm **presunto** e **queijo**, com um pouco de **mostarda** amarela. Outros têm salada de **maionese**. Há um prato de **biscoitos** ao lado de alguns **pãezinhos**.

— Perdoe-me, Vossa Majestade — diz Ursula.

— Sim, querida? — diz a rainha.

— O que tem naquele sanduíche? — ela pergunta.

— Ah, esse é o meu favorito — diz a rainha. — Sanduíche de **salada** de alho-poró.

— Ah, alho-poró — diz Ursula. Ela se sente enjoada. A rainha alcança um. Ela morde.

— Coma um, querida — diz a rainha.

— Obrigada, Vossa Majestade — diz Ursula. Ela pega um sanduíche de alho-poró. Ela sente seu estômago revirar. Ela dá uma mordida enorme, porque está muito nervosa. Seu rosto fica branco, depois verde.

— Você está bem, querida? — pergunta a rainha. — Você parece doente.

— E-e-eu estou bem — diz Ursula. Ela sente seu estômago revirando. Ela sente que vai vomitar. Ela não consegue impedir que o alho-poró suba pela sua garganta. Pelo menos ela seguiu as outras regras para almoçar com a rainha, ela pensa. Ninguém jamais disse nada sobre vomitar.

RESUMO
Ursula é uma menina. Ela vive em Londres, Inglaterra. Ela é obcecada com a família real. Ela janta com sua mãe e vê televisão. Na TV, eles anunciam um concurso. O vencedor poderá almoçar com a própria rainha. Ursula entra no concurso. No dia seguinte, no café da manhã, anunciam a vencedora. É Ursula! Ela vai ao Palácio de Buckingham para almoçar. Ela segue as regras para comer com a rainha. A rainha preparou sanduíches especiais. Infelizmente, salada de alho-poró não é a comida favorita de Ursula. Ela se sente mal quando vê a rainha comer o sanduíche.

LISTA DE VOCABULÁRIO

Is	É/está
Has	Tem/come/toma
To be	Ser/estar
Have	Têm/comem/tomam
Are	São
Leeks	Alho-poró
Am	Sou/estou
Vegetable	Legume
Carrot	Cenoura
Broccoli	Brócolis
Salad	Salada
Lunch	Almoço
Have to	Tem que
Dessert	Sobremesa
Grapes	Uvas
Cherries	Cerejas
Fruit	Fruta
Cream	Creme de leite
Sugar	Açúcar
Meal	Refeição
Breakfast	Café da manhã
Cereal	Cereal
Egg	Ovo
Bacon	Bacon
Sandwiches	Sanduíches
Tea	Chá
Ham	Presunto
Cheese	Queijo
Mustard	Mostarda
Cookies	Biscoitos
Scones	Pãezinhos
Salad	Salada

PERGUNTAS

1) O que acontece quando Ursula experimenta alho-poró pela primeira vez?
    a) ela ama o alho-poró
    b) sua mãe queima o alho-poró
    c) ela quase vomita
    d) ela não percebe

2) Qual é a regra quando você come com a rainha da Inglaterra?
    a) você não deve comer até que ela comece
    b) você deve usar azul
    c) você deve comer sanduíches
    d) você deve se sentar antes dela

3) O que a mãe da Ursula pensa sobre o concurso?
    a) Ursula tem chance de ganhar
    b) é falso
    c) a rainha não deveria se envolver
    d) Ursula nunca vai ganhar

4) O que a rainha come no almoço?
    a) um bom assado
    b) salmão, seu favorito
    c) biscoitos e sanduíches
    d) é segredo

5) Qual das seguintes afirmações é verdadeira?
    a) Ursula sai no meio do almoço
    b) Ursula não consegue controlar a sua reação ao alho-poró
    c) a rainha fez os sanduíches ela mesma
    d) sanduíches não são boa comida para o almoço

RESPOSTAS

1) O que acontece quando Ursula experimenta alho-poró pela primeira vez?
    c) ela quase vomita

2) Qual é a regra quando você come com a rainha da Inglaterra?
    a) você não deve comer até que ela comece

3) O que a mãe da Ursula pensa sobre o concurso?
    d) Ursula nunca vai ganhar

4) O que a rainha come no almoço?
    c) biscoitos e sanduíches

5) Qual das seguintes afirmações é verdadeira?
    b) Ursula não consegue controlar sua reação ao alho-poró

Translation of the Story
Lunch with The Queen

STORY

Ursula **is** a young girl. She lives in London, England. She studies at school. She loves to bake. She **has** an obsession: the royal family. She wants **to be** a princess.

One night, Ursula is at home. Her mother prepares her dinner. They **have** something new. Her mother brings the plate to the table.

"What **are** those?" asks Ursula.

"These are **leeks**," says Ursula's mom.

"Oh, I don't like leeks," says Ursula.

"Try them," says her mom. She tries them. She almost vomits.

"I **am** sick," says Ursula.

"No, you are not," says her mom.

"Please, give me any other **vegetable**," says Ursula. "**Carrots, broccoli, salad**?"

"Oh, Ursula, just eat your **meat** then," says her mom. She turns on the television. They watch the news. The report is about the Queen of England. Ursula stops eating. She pays close attention.

"Queen Elizabeth reigns in England for 68 years," says the news report. "She is married to Prince Phillip. They have four children."

The news report talks about the Queen. She lives in Buckingham Palace. She is very healthy, despite her age.

"I want to visit Buckingham Palace," says Ursula.

"Yes, dear," says her mom. They watch the program. The program announces a special competition. One person can win a visit to Buckingham Palace. The winner will eat **lunch** with the queen. Ursula screams.

"I **have to** win!" she shouts.

"I don't know," says her mom. "Many people enter the contest."

Ursula watches the program. She learns how to enter. She takes a picture of herself eating. Then she posts it on social media. She watches the program, which talks about eating with the Queen. She watches as they show what happened to a prince from the South Pacific.

The Queen is on a boat with the prince. They serve **dessert**. The prince forgets to watch the Queen. He takes some **grapes** and some **cherries** from the **fruit** on the table and puts them in his bowl. He pours **cream** over them. He sprinkles **sugar** on top. He starts to eat, and then he realizes the Queen has not. He makes a big mistake. The Queen takes her spoon. She eats a bit. That makes the prince feel better. He is very embarrassed.

"There are rules to eat with the Queen?" she asks her mom.

"Of course," says her mom.

"Like what?" asks Ursula.

"Well, the Queen begins the **meal** and ends the meal," says Ursula's mom.

"You mean you can't eat until she does," says Ursula.

"That's right," says her mom. "And when she finishes, you finish, too."

"What if you aren't finished?" asks Ursula.

"You are," says her mom. "And you must wait for the Queen to sit."

"Before you sit?" says Ursula.

"Right," says her mom. Ursula thinks about this. There are lots of rules if you are queen or princess. Ursula and her mom finish dinner. They go to sleep.

The next morning, Ursula wakes up. She is nervous about the contest. Today they announce the winner. She eats **breakfast** with her mom.

"I am nervous," she says.

"Ursula, you won't win," says her mom. "So many people are in the contest."

"Oh," says Ursula. She is sad. She eats her **cereal**. She is not hungry. Her **bacon** and **eggs** sit untouched.

They turn on the television.

"And we announce the winner of the Lunch with the Queen Contest," says the man on the TV. He puts his hand into a huge glass bowl full of papers. He moves his hand around. He pulls out a paper. He opens the paper.

"And the winner is...Ursula Vann!" he says.

Ursula looks at her mom. Her mom looks at her.

"Did you hear that?" she asks. Her mom nods, staring. Her mouth is open.

"Did I win?" she asks. Her mom nods, speechless.

"Woo-hoo!" shouts Ursula. "I knew I would! I'm going to see the queen!" Ursula finishes her food and goes to school.

The next day is the day for lunch with the Queen. Ursula walks up to the palace. She is terrified. She is only a young girl. This is a big adventure for such a young girl.

"Who are you?" asks a guard.

"Ursula Vann," she says. "I won the contest to have lunch with the Queen."

"Oh, hello, young lady," the guard says. "You are a pretty young lass. Come in."

"Thank you," she says.

A guard takes her to the palace. It is grand, and very big. They walk through the halls. The guard has a funny hat. Ursula giggles. Then, she stops. They are in the dining room.

The Queen of England is sitting at the table! There is a plate of **sandwiches** in front of her. She is small. She is happy, and she is smiling.

"Hello, dear," she says.

"Hello, your majesty," Ursula says. She courtsies.

"Thank you for coming to lunch," she says.

"It is my pleasure, your **Majesty**," says Ursula.

"I hope you don't mind. We will be having **tea** instead of a proper lunch," says the Queen. She sits again. Ursula remembers her manners. She sits, too.

The sandwiches are royal sandwiches, she thinks. They look a lot like sandwiches from home, though. Some have **ham** and **cheese**, with a yellow bit of **mustard**. Others have a **mayonnaise** salad on them. There is a plate of **cookies** next to some **scones**.

"Pardon me, your Majesty," says Ursula.

"Yes, dear?" says the Queen.

"What is on that sandwich?" she asks.

"Oh, that's my favorite," says the Queen. "Leek **salad** sandwich."

"Oh, leeks," says Ursula. She feels sick. The Queen reaches for one. She takes a bite.

"Have one, dear," says the Queen.

"Thank you, your Majesty," says Ursula. She takes a leek sandwich. She can feel her stomach turn. She takes a huge bite because she is so nervous. Her face turns white, then green.

"Are you alright, dear?" asks the Queen. "You look quite unwell."

"I- I- I'm fine," says Ursula. She feels her stomach turning. She feels as if she will vomit. She can't stop the leeks from coming back up her throat. At least she followed the other rules for eating lunch with the Queen, she thinks. Nobody ever said anything about vomiting.

Portuguese Dialogues for Beginners
Book 4

Over 100 Daily Used Phrases and Short Stories to Learn Portuguese in Your Car. Have Fun and Grow Your Vocabulary with Crazy Effective Language Learning Lessons

www.LearnLikeNatives.com

CHAPTER 10
The Driver's License / question words

HISTÓRIA

Wayne vive em uma cidade. Wayne tem quarenta anos. Ele geralmente vai de carro para o trabalho. Wayne está atrasado para o trabalho hoje. Wayne dirige mais e mais rápido. Ele ultrapassa o limite de velocidade. Ele precisa chegar ao trabalho a tempo. Hoje ele tem uma reunião importante.

Wayne ouve um som. Ele olha para trás. Há um carro de polícia atrás dele. "Ah, não", ele pensa. "Eu estou indo muito rápido". Ele para o carro. O carro da polícia também para. Um policial sai do carro. Ele caminha até o carro de Wayne.

— Olá — diz o policial.

— Olá, senhor — diz Wayne.

— **Por que** você acha que eu o parei? — pergunta o policial.

— Não sei. **Qual** lei estou infringindo? — pergunta Wayne.

— Você está indo rápido demais — diz o policial.

— **Quantos** quilômetros por hora estou acima do limite de velocidade? — pergunta Wayne.

— Chega — diz o policial. — **Onde** você está indo com tanta pressa?

— Para o trabalho — diz Wayne.

— Me mostre sua carteira de motorista — diz o policial. Wayne pega sua carteira. Ele a abre. Ele tira dela a carteira de motorista. Ele a dá para o policial.

— Ela está vencida — diz o policial. — Você está em apuros. — O policial diz a Wayne que ele não pode dirigir com a carteira vencida. Wayne precisa tirar uma nova carteira. Wayne concorda. O policial diz que ele não pode dirigir para o trabalho hoje. Wayne precisa viver sem um carro.

Wayne tem que parar de dirigir. Agora ele vai para o trabalho de outras formas. Ele pode escolher entre o trem ou o ônibus. Às vezes, ele vai de bicicleta. Se está atrasado, ele pega um táxi. Hoje ele está atrasado novamente.

Wayne chega no escritório.

— Oi, Wayne — diz seu colega, Xavier. — **Como** você chegou aqui? Sua carteira está vencida, certo?

— Sim, está — diz Wayne. — Hoje estou de táxi. **A que distância** fica sua casa? — Xavier costuma ir a pé para o trabalho.

— Minha casa fica a um quilômetro de distância — diz Xavier. — **Quanto tempo** um táxi leva para chegar aqui?

— Uns 20 minutos — diz Wayne.

— Nada mal — diz Xavier. — E **quanto custa** o táxi?

— Cerca de 20 dólares — diz Wayne.

— Ah, é um pouco caro — diz Xavier. — Qual é a empresa de táxi?

— Birmingham Taxi — diz Wayne. — Por que está tão interessado?

— A minha família tem uma empresa de táxis — diz Xavier. — É o meu irmão que administra.

— Legal — diz Wayne. — Podem me dar uma carona grátis? — Ambos riem. Wayne está brincando. Mas ele precisa resolver seu problema. Ele não pode pagar um táxi todos os dias. Ele decide que vai tirar a carteira amanhã.

No dia seguinte, Wayne pega o ônibus para o Detran, o Departamento de Trânsito. Este é o prédio onde as pessoas tiram a carteira de motorista. Ele sai de seu carro. Há uma fila do lado de fora. Muitas pessoas têm que tirar a carteira. O escritório é lento. Ele entra na fila. Depois de uma hora, ele entra no prédio. Há outra fila. Ele espera.

— **Quem** é o próximo? — pergunta a mulher.

— Eu — diz Wayne.

— Bem, vamos lá! — ela diz. Ela é impaciente. — **O que** você precisa?

— Preciso renovar minha carteira — diz Wayne.

— Me dê o seu cartão antigo — diz ela.

— Eu não estou com ele — diz Wayne. Ela olha para ele. Ela parece brava.

— **Por que** não? — ela pergunta.

— Não consigo encontrá-lo — diz Wayne.

— **Com quem** estou falando? — ela pergunta.

— O que você quer dizer? — pergunta Wayne. Ele está confuso.

— OK, espertinho, me diga seu nome e sobrenome — ela diz. Wayne diz seu nome.

— **Quantos anos** você tem? — ela pergunta.

— **Para quê**? — pergunta Wayne.

— Eu tenho que confirmar sua data de nascimento — ela diz. — **Quando** você nasceu?

Wayne diz a ela. Ela olha para seu computador. Ela leva muito tempo. Ela balança a cabeça.

— Eu não consigo encontrar — diz ela. — Há um problema com o sistema hoje. Volte amanhã.

— Eu não posso — diz Wayne.

— Se quiser sua carteira hoje, você terá que fazer o exame de direção outra vez — diz ela.

— **Como assim**? — pergunta Wayne.

— O computador diz que você não tem carteira — ela diz. Wayne precisa de sua carteira de motorista hoje. Ele vai para a outra fila. Ele vai fazer o teste de direção. Fácil, ele pensa. Ele sabe dirigir. Todas as outras pessoas são adolescentes. Ele é o mais velho da fila.

— **De quem** é a vez? — pergunta um homem grande com um terno marrom.

— Minha — diz Wayne. Ele segue o homem grande até seu carro. Eles entram no carro. Wayne tenta se lembrar de tudo que se faz em um teste de direção. Ele verifica os espelhos. Ele coloca o cinto de segurança. Ele vê o examinador escrevendo em um bloco de notas.

— Ok, vamos — diz o examinador.

Wayne cuidadosamente sai de ré da vaga do estacionamento. Ele dirige devagar. Ele usa o pisca-alerta. Ele pega a rua e dirige abaixo do limite de velocidade. O examinador lhe diz aonde ir. Wayne certifica-se de parar nos semáforos amarelos e usar seu pisca-alerta. Wayne faz um bom trabalho.

Wayne acha que passa. O examinador diz para ele voltar ao Detran. No entanto, o examinador diz a ele para parar.

— Agora você deve estacionar em paralelo — diz o examinador. Wayne nunca estaciona em paralelo. Ele está nervoso. O examinador indica uma vaga muito pequena. Wayne manobra o carro na vaga. Ele está quase terminando de estacionar. Mas então ele ouve um som de "ding". Seu carro bate no carro detrás.

— Ah, não — diz Wayne.

— Isso é uma reprovação automática — diz o examinador. — Desculpe, você foi reprovado no teste de direção.

Wayne sai do carro para deixar o examinador dirigir de volta para o escritório.

— **Há quantos** anos você dirige? — pergunta o examinador.

— Vinte e quatro — diz Wayne. Ele está envergonhado. Ele tem que voltar amanhã.

RESUMO
Wayne tem uma carteira de motorista. Ela está vencida. Wayne precisa tomar táxis, ônibus e outros meios de transporte. Ele decide renovar sua carteira. Ele vai para o Detran para fazer isso. Ele espera em uma longa fila e tem que responder a muitas perguntas. Há um problema com o sistema de computador. Wayne tem que fazer o exame de direção novamente. Ele faz um bom trabalho com o examinador no carro. No entanto, Wayne é

reprovado no teste porque não praticou estacionamento paralelo.

LISTA DE VOCABULÁRIO

Why	Por que
Which	Qual
How many	Quantos
Where	Onde
How	Como
How far	A que distância
How long	Quanto tempo
How much	Quanto
Who	Quem
What	O que
Why don't	Por que não
With whom	Com quem
How old	Quantos anos
What for	Para quê
When	Quando
How come	Como assim
Whose	De quem
How many	Quantos

PERGUNTAS

1) Por que Wayne é parado pelo policial?
    a) ele passa um sinal vermelho
    b) seu carro está estragado
    c) ele está indo rápido demais
    d) ele é um criminoso

2) Wayne entra em apuros com o policial porque...
    a) sua carteira de motorista está vencida
    b) seu carro não está registrado
    c) ele cospe no policial
    d) ele não responde ao policial

3) Qual destes custa $20 para Wayne chegar ao trabalho?
    a) bicicleta
    b) ônibus
    c) trem
    d) táxi

4) Wayne não aparece no sistema de computador no Detran. Por quê?
    a) ele nunca teve carteira
    b) ele tem um dia ruim
    c) há um problema com o sistema
    d) sua data de nascimento está errada

5) Por que Wayne é reprovado no teste?
    a) ele dirige a pouco tempo
    b) ele estaciona mal porque não praticou esta forma de estacionar
    c) ele estaciona mal porque o carro é muito grande
    d) ele está bêbado

RESPOSTAS

1) Por que Wayne é parado pelo policial?
    c) ele está indo rápido demais

2) Wayne entra em apuros com o policial porque...
    a) sua carteira de motorista está vencida

3) Qual destes custa $20 para Wayne chegar ao trabalho?
    d) táxi

4) Wayne não aparece no sistema do computador no Detran. Por quê?
    c) há um problema com o sistema

5) Por que Wayne é reprovado no teste?
    b) ele estaciona mal porque não praticou esta forma de estacionar

Translation of the Story
The Driver's License

STORY

Wayne lives in a city. Wayne is forty years old. He usually drives his car to work. Wayne is late to work today. Wayne drives faster and faster. He drives over the speed limit. He needs to get to work on time. Today he has an important meeting.

Wayne hears a sound. He looks behind him. There is a police car behind him. Oh, no, he thinks. I am going rather fast. He stops the car. The police car stops, too. A policeman gets out. He walks over to Wayne's car.

"Hello," says the police officer.

"Hello, sir," says Wayne.

"**Why** do you think I pulled you over?" asks the policeman.

"I don't know. **Which** law am I breaking?" asks Wayne.

"You are going way too fast," says the policeman.

"**How many** kilometers per hour am I over the speed limit?" asks Wayne.

"Enough," says the policeman. "**Where** are you going in such a hurry?"

"To work," says Wayne.

"Show me your driver's license," says the officer. Wayne takes out his wallet. He opens it. He pulls out his driver's license. He gives it to the police officer.

"This is expired," says the officer. "You're in big trouble." The officer tells Wayne he can't drive with an expired license. Wayne must get a new license. Wayne agrees. The officer tells him he can't drive to work today. Wayne must live without a car.

Wayne has to stop driving his car. Now he goes to work other ways. He can choose between the train or the bus. Sometimes, he rides his bike. If he is late, he takes a taxi. Today, he is late again.

Wayne arrives to the office.

"Hi, Wayne," says his colleague, Xavier. "**How** did you get here? Your license is expired, right?"

"Yes, it is," says Wayne. "Today I am in taxi. **How far** is your house from here?" Xavier usually walks to work.

"My house is a kilometer away," says Xavier. "**How long** does a taxi take to get here?"

"Oh, about twenty minutes," says Wayne.

"Not bad," says Xavier. "And **how much** does the taxi cost?"

"About twenty dollars," says Wayne.

"Oh, that is a bit expensive," says Xavier. "Which taxi company is it?

"Birmingham Taxi," says Wayne. "Why are you so interested?"

"My family owns a taxi company," says Xavier. "My brother runs it."

"Nice," says Wayne. "Can I get a free ride?" They both laugh. Wayne is kidding. But he needs to solve his problem. He can't pay for a taxi every day. He decides tomorrow he is going to get his license.

The next day, Wayne takes the bus to the DMV, the Department of Motor Vehicles. This is the building where people get their driver's license. He gets out of his car. There is a line outside. Many people have to get their license. The office is slow. He gets in the line. After an hour, he is inside the building. There is another line. He waits.

"**Who** is next?" asks the woman.

"Me," says Wayne.

"Well, come on!" she says. She is impatient. "**What** do you need?"

"I need to renew my license," says Wayne.

"Give me your old card," she says.

"I don't have it," says Wayne. She stares at him. She seems angry.
"**Why don't** you have it?" she asks.

"I can't find it," says Wayne.

"**With whom** am I speaking?" she asks.

"What do you mean?" asks Wayne. He is confused.

"Ok, smart guy, tell me your first and last name," she says. Wayne tells her.

 "**How old** are you?" she asks.

"**What for**?" asks Wayne.

"I have to confirm your birth date," she says. "**When** were you born?"
Wayne tells her. She looks at her computer. She takes a long time. She shakes her head.

"I can't find you," she says. "There is a problem with the system today. Come back tomorrow."

"I can't," says Wayne.

"If you want your license today, you will have to take the driving test over," she says.

"**How come**?" asks Wayne.

"The computer says you have no license," she says. Wayne needs his license today. He goes to the other line.

He will take his driver's test. Easy, he thinks. He knows how to drive. All the other people are teenagers. He is the oldest in this line.

"**Whose** turn is it?" asks a big man with a brown suit.

"Mine," says Wayne. He follows the big man to his car. They get in the car. Wayne tries to remember everything you do in a driver's test. He checks the mirrors. He puts on his seatbelt. He sees the examiner writing on a notepad.

"Okay, let's go," says the examiner.

Wayne carefully backs out of the parking space. He drives slowly. He uses his turn signal. He gets on the road and drives under the speed limit. The examiner directs him through the town. Wayne makes sure to stop at yellow lights and to use his blinker. Wayne does a good job.

Wayne thinks he passes. The examiner directs him back to the DMV. However, the examiner tells him to stop.

"Now you must parallel park," says the examiner. Wayne never parallel parks. He is nervous. The examiner directs him to a tiny parking space. Wayne turns the car into the space. He is almost finished parking. But then he hears a 'ding' sound. His car hits the car behind him.

"Oh, no," says Wayne.

"That is an automatic fail," says the examiner. "Sorry, you fail your driver's test."

Wayne gets out of the car to let the examiner drive the car back to the office.

"How many years have you been driving?" asks the examiner.

"Twenty-four," says Wayne. He is ashamed. He has to come back tomorrow.

CHAPTER 11
At the Travel Agency / likes and dislikes

HISTÓRIA

Yolanda e Zelda são irmãs. Eles têm vidas muito ocupadas. Ambas vivem em Nova York. Yolanda é uma cabeleireira de celebridades. Zelda é advogada e tem dois filhos. Eles são tão ocupadas que às vezes não se veem durante meses.

Um dia, Yolanda tem uma ideia. Ela liga para Zelda.

— Zelda, querida! Como você está? — ela pergunta.

— Estou bem, mana — diz Zelda. — Como você está?

— Ótimo! Tive uma ideia maravilhosa — diz Yolanda. — Nós **deveríamos** fazer uma viagem juntas!

— Que grande ideia — diz Zelda. — **Eu amo** essa ideia! Para onde?

— Eu não sei, qualquer lugar — diz Yolanda. — Onde quer que seja! **Eu adoraria** ir a qualquer lugar com você!

— Vamos à agência de viagens amanhã — diz Zelda. — Eles podem nos ajudar.

As irmãs se encontram no dia seguinte. Zelda traz páginas de pesquisas sobre férias. As páginas falam sobre diferentes tipos de turismo. Há turismo recreativo, para relaxar e se divertir na praia. Há turismo cultural, como passeios guiados ou visitas a museus para aprender sobre história e arte. Turismo de aventura é para pessoas que **adoram** explorar lugares distantes e atividades radicais. Ecoturismo é viajar para ambientes naturais.

Yolanda lê os jornais. Turismo de saúde é viajar para cuidar do seu corpo e da sua mente, visitando lugares como spas. Turismo religioso é viajar para celebrar eventos religiosos ou visitar lugares religiosos importantes.

— Há tantos tipos de viagem — diz Yolanda.

— Sim — diz Zelda. — **Eu gosto** de viajar com um objetivo. **Eu não aguento** ficar deitada na praia sem fazer nada. — Yolanda gosta de praia. Ela gosta de não fazer nada nas férias. Ela não diz nada.

As irmãs chegam à agência de viagens. A agente de viagens é uma mulher. Ela parece simpática. Yolanda e Zelda sentam com ela.

— Como posso ajudá-las? — pergunta a agente.

— Gostaríamos de fazer uma viagem — diz Yolanda.

— Que tipo de viagem? — pergunta a agente.

— **Eu sou louca por** cultura — diz Zelda. — Eu amo museus. Eu amo arte.

— **Eu prefiro** ir a algum lugar com sol. Adoro atividades ao ar livre — diz Yolanda.

— As pessoas viajam por muitas razões — diz a agente. — Que tal Barcelona?

— Ah, eu não sei — diz Zelda. — **Eu não suporto** não saber a língua local.

— Nós não falamos espanhol — diz Yolanda.

— Você gostaria de ir a Paris? — pergunta a agente. — Há museus e restaurantes muito bons.

— Nós também não falamos francês! — ambas dizem.

— Que tal Londres? — pergunta a agente.

— Ótimo! — diz Zelda.

— Tão chuvoso! — diz Yolanda ao mesmo tempo. As irmãs se olham.

— Você disse que não se importa Yoli! — diz Zelda.

— Eu quero viajar com você — diz Yolanda. — Mas **eu não sou louca por** Londres. **Eu detesto** chuva!

— Vamos, Yolanda — diz Zelda. — Por favor!

A agente mostra fotos de Londres para as mulheres. Elas veem os prédios famosos. Yolanda gostaria de ver o Big Ben. Zelda está animada com o museu de arte Tate Modern.

— Que tipo de hotel você gostaria? — pergunta a agente.

— Poderíamos ficar em um apartamento do Airbnb — diz Yolanda.

— Não, **eu abomino** ficar na casa dos outros — diz Zelda.

— Temos lindos hotéis no centro da cidade — diz a agente.

— Parece ótimo — diz Zelda.

Zelda prefere hotéis luxuosos. Ela sabe que Yolanda **não gosta muito de** hotéis chiques. Mas Zelda nunca sai de férias. Ela quer que estas férias sejam perfeitas. A agente de viagens mostra fotos para as irmãs. Os quartos do hotel são enormes. Alguns têm uma banheira no meio do quarto.

— São lindos — diz Zelda. — Você se importa se ficarmos em um hotel chique, Yolanda?

— **Nem um pouco** — diz Yolanda. Zelda sabe que ela **não gosta de** hotéis chiques. Yolanda fica triste. Zelda faz o que quer.

— **O que você gostaria** de fazer em Londres? — pergunta a agente de viagens.

— Adoraríamos ir a todos os museus, visitar o palácio e visitar algumas galerias de arte — diz Zelda.

— Ok — diz a agente de viagens. — Isso provavelmente é suficiente para preencher seu tempo em Londres.

Yolanda não diz nada. As irmãs pagam e deixam a agência de viagens. Zelda está feliz. Yolanda gostaria que as férias fossem mais do seu estilo. Ela vai para casa. Ela pensa na viagem. Ela sorri. Tem um plano.

No dia seguinte, Yolanda retorna à agência de viagens.

— Olá, Yolanda — diz a agente. — Como posso ajudá-la?

— **Nós queremos** mudar um pouco nossa viagem — diz Yolanda.

— Não há problema — diz a agente de viagens.

— **Preferimos** ir para um lugar ensolarado — diz Yolanda.

— Claro — diz a agente de viagens. A agente de viagens sugere muitos locais diferentes. Yolanda assina alguns novos papéis. Ela dá o dinheiro para a agente fazer a troca. Ela imagina Zelda de férias. Ela sorri. Zelda **gosta de** surpresas.

É o fim de semana. Está na hora da viagem de Yolanda e Zelda. As irmãs se encontram no aeroporto. Elas estão animadas. Yolanda está nervosa.

— Trouxe um café para você — diz ela. Zelda pega o café.

— Obrigada — ela diz. Ela toma um gole. — Ah, mas **eu odeio** açúcar no meu café, Yoli!

Yolanda pede desculpas. Ela segura os dois cafés. Agora ela não consegue carregar sua mala.

As duas irmãs passam pela segurança. Elas esperam para embarcar no avião. A tela diz: Voo 361 para Londres / Com Conexões / British Airways. Yolanda sorri quando elas entram no avião.

O voo dura seis horas. Yolanda e Zelda dormem. Eles acordam quando o avião chega ao aeroporto em Londres. A aeromoça usa o alto-falante. — Se você vai ficar em Londres ou fazer uma conexão, por favor, levante-se e saia do avião.

Zelda se levanta. Yolanda, não.

— Vamos, Yolanda — diz Zelda. Yolanda não se move.

— Vamos! — diz Zelda.

— Na verdade, mana — diz Yolanda, — há uma mudança de planos. Vamos ficar neste avião.

Zelda parece confusa.

A comissária de bordo usa o alto-falante novamente. — Se você estiver viajando para o nosso próximo destino, permaneça em seu assento. Próxima parada: Fiji!

RESUMO
Duas irmãs, Yolanda e Zelda, querem fazer uma viagem juntas. Elas vão à agência de viagens. Elas são muito diferentes. É difícil para elas concordarem sobre um local. Zelda gosta de planejar férias e ver arte e cultura.

Yolanda prefere Finalmente, elas decidem para onde eles gostariam de ir. Mas no dia seguinte, Yolanda retorna à agência de viagens. Ela muda o destino. Zelda descobre quando o avião aterriza.

LISTA DE VOCABULÁRIO

We should	Nós deveríamos
I love	Eu amo
I would love	Eu adoraria
I adore	Eu adoro
I enjoy	Eu gosto de
I can't stand	Eu não aguento
We would like	Nós gostaríamos de
I'm crazy about	Eu sou louca por
I prefer	Eu prefiro
I can't bear	Eu não suporto
Would you like	Você gostaria de
I'm not mad about	Eu não sou louca por
I detest	Eu detesto
I loathe	Eu abomino
Doesn't like	Não gosta de
Very much	Muito
Not at all	Nem um pouco
Dislikes	Não gosta de
What would you like	O que você gostaria de
We want	Nós queremos
We would rather	Nós preferimos
Likes	Gosta de
I hate	Eu odeio

PERGUNTAS

1) Como Yolanda e Zelda se conhecem?
    a) elas são amigas
    b) elas são irmãs
    c) elas trabalham juntas
    d) elas são vizinhas

2) O que Zelda gosta de fazer nas férias?
    a) ver arte e cultura
    b) deitar na praia
    c) relaxar
    d) ver o que acontece sem planos

3) Qual das seguintes decisões Yolanda toma na primeira reunião com a agente de viagens?
    a) para onde ir
    b) onde ficar
    c) o que fazer
    d) nenhuma das anteriores

4) O que Yolanda faz quando vai à agência de viagens pela segunda vez?
    a) pede o seu dinheiro de volta
    b) cancela a viagem
    c) altera o destino
    d) liga para Zelda

5) O que acontece quando as irmãs pousam em Londres?
    a) elas vão para o seu hotel
    b) elas vão a um museu
    c) o avião cai
    d) Yolanda surpreende Zelda com um novo destino

RESPOSTAS

1) Como Yolanda e Zelda se conhecem?
    b) elas são irmãs

2) O que Zelda gosta de fazer nas férias?
    a) ver arte e cultura

3) Qual das seguintes decisões Yolanda toma na primeira reunião com o agente de viagens?
    d) Nenhuma das anteriores

4) O que Yolanda faz quando vai à agência de viagens pela segunda vez?
    c) altera o destino

5) O que acontece quando as irmãs pousam em Londres?
    d) Yolanda surpreende Zelda com um novo destino

Translation of the Story
At the Travel Agency

STORY

Yolanda and Zelda are sisters. They have very busy lives. They both live in New York City. Yolanda is a hairdresser for celebrities. Zelda is a lawyer and has two children. They are so busy, sometimes they don't see each other for months.

Yolanda has an idea one day. She calls Zelda.

"Zelda, dear! How are you?" she asks.

"Fine, sis," says Zelda. "How are you?"

"Great! I've had a marvelous idea," says Yolanda. "**We should** take a trip together!"

"What a great idea," says Zelda. "**I love** it! Where to?"

"I don't know, anywhere," says Yolanda. "Wherever! **I would love** to go anywhere with you!"

"Let's go to the travel agency tomorrow," says Zelda. "They can help."

The sisters meet the next day. Zelda brings pages of research on vacations. The pages talk about different types of tourism. There is recreational tourism, like relaxing and having fun at the beach. There's cultural tourism like sightseeing or visiting museums to learn about history and art. Adventure tourism is for people who **adore** exploring distant places and extreme activities. Ecotourism is traveling to natural environments.

Yolanda reads the papers. Health tourism is travel to look after your body and mind by visiting places like spa resorts. Religious tourism is travel to celebrate religious events or visit important religious places.

"There are so many types of travel," says Yolanda.

"Yes," says Zelda. "**I enjoy** traveling for a reason. I can't stand lying on the beach, doing nothing." Yolanda likes the beach. She likes doing nothing on vacation. She doesn't say anything.

The sisters arrive to the travel agency. The travel agent is a woman. She seems nice. Yolanda and Zelda sit down with her.

"How can I help you?" asks the agent.

"We would like to take a trip," says Yolanda.

"What kind of trip?" asks the agent.

"**I'm crazy about** culture," says Zelda. "I love museums. I love art."

"**I would rather** go somewhere with sunshine. I love outdoor activities," says Yolanda.

"People travel for lots of reasons," says the agent. "How about Barcelona?"

"Oh, I don't know," says Zelda. "**I can't bear** not knowing the local language."

"We don't speak Portuguese," says Yolanda.

"Would you like Paris?" asks the agent. "There are very good museums and restaurants."

"We don't speak French, either!" they both say.

"How about London?" asks the agent.

"Great!" says Zelda.

"So rainy!" says Yolanda at the same time. The sisters look at each other.

"You said you don't care Yoli!" says Zelda.

"I want to travel with you," says Yolanda. "**I'm not mad about** London, though. **I detest** the rain!"

"Come on, Yolanda," says Zelda. "Please!"

The agent shows the women pictures of London. They see the famous buildings. Yolanda would like to see Big Ben. Zelda is excited about the Tate Modern art museum.

"What kind of hotel would you like?" asks the agent.

"We could get an Airbnb apartment," says Yolanda.

"No, **I loathe** staying in other people's homes," says Zelda.

"We have beautiful hotels in the center of the city," says the agent.

"That sounds great," says Zelda.

Zelda prefers luxurious hotels. She knows Yolanda **doesn't like** fancy hotels **very much**. But Zelda never goes on vacation. She wants this vacation to be perfect. The travel agent shows the sisters pictures. The hotel rooms are huge. Some have a bath in the middle of the room.

"Those are gorgeous," says Zelda. "Do you mind if we stay in a fancy hotel, Yolanda?"

"**Not at all**," says Yolanda. Zelda knows she **dislikes** fancy hotels. Yolanda feels sad. Zelda does what she wants.

"**What would you like** to do while in London?" asks the travel agent.

"We would love to go to all the museums, visit the Palace, and visit some art galleries," says Zelda.

"Okay," says the travel agent. "That's probably enough to fill your time in London."

Yolanda doesn't say anything. The sisters pay and leave the travel agent. Zelda is happy. Yolanda wishes the vacation was more her style. She goes home. She thinks about the trip. She smiles. She has a plan.

The next day, Yolanda returns to the travel agent.

"Oh hello, Yolanda," says the agent. "How can I help you?"

"**We want** to change our trip a bit," says Yolanda.

"No problem," says the travel agent.

"**We would rather** go to somewhere sunny," says Yolanda.

"Of course," says the travel agent. The travel agent suggests many different locations. Yolanda signs some new papers. She gives the agent money for the change. She imagines Zelda on vacation. She smiles. Zelda **likes** surprises.

It is the weekend. It is time for Yolanda and Zelda's trip. The sisters meet at the airport. They are excited. Yolanda is nervous.

"I brought you coffee," she says. Zelda takes the coffee.

"Thanks," she says. She takes a sip. "Oh, but **I hate** sugar in my coffee, Yoli!"

Yolanda apologizes. She takes both coffees in her hands. Now she can't carry her suitcase.

The two sisters go through security. They wait to board the plane. The screen says "Flight 361 to London / With Connections / British Airways". Yolanda smiles as they get on the plane.

The flight lasts six hours. Yolanda and Zelda sleep. They awake as the plane pulls into the airport in London. The flight attendant uses the speaker. "If you are staying in London or have a connection, please stand and leave the plane."

Zelda stands up. Yolanda does not.

"Come on, Yolanda," says Zelda. Yolanda doesn't move.

"Let's go!" says Zelda.

"Actually, sis," says Yolanda. "There is a change of plans. We are staying on this plane."

Zelda looks confused.

The flight attendant uses the speaker again. "If you are traveling through to our next destination, remain in your seats. Next stop—Fiji!"

CHAPTER 12
Valentine's Day in Paris / prepositions

HISTÓRIA

Charles e Dana são namorados. Eles estão apaixonados. Charles quer fazer algo especial no dia dos namorados. Ele convida Dana para ir a Paris. Paris é chamada de cidade do amor. Muitas pessoas viajam para Paris para passar um tempo romântico com seus companheiros. Talvez sejam os filmes, a comida, os belos prédios? Paris sempre parece romântica.

O casal chega a Paris em 13 de fevereiro. O avião pousa. Eles estão emocionados. Charles e Dana recolhem suas bagagens.

— Vamos para o hotel — diz Charles.

— Como? — pergunta Dana.

— Podemos pegar o trem para o centro da cidade — diz Charles. **Em frente ao** casal está uma placa para o trem do aeroporto. Eles seguem as setas, passando **por baixo** delas. Eles passam **pela** passarela suspensa, até que chegam no acesso ao trem. Eles vão até a máquina de passagens.

— Que passagens compramos? — pergunta Dana. Ambos olham fixamente para a máquina.

— Não sei — diz Charles. — O hotel fica **no** 7th arrondissement. — Charles adivinha qual passagem comprar. Ele o compra, e eles vão para a plataforma do trem. **Acima** dos trilhos, há uma placa. Ela diz para onde cada trem está indo. Um trem se aproxima. A placa diz: centre-ville. Eles entram **no** trem.

Quando o trem chega ao destino, eles saem **do** trem. Eles sobem as escadas do metrô. Eles saem na rua. A Torre Eiffel está **acima** deles.

— Que linda — diz Dana.

— Sim, é incrível — diz Charles.

— Eu quero ir **para** o topo — diz Dana.

— Você sabia que eles pintam a torre a cada sete anos? — pergunta Charles. — Com 50 toneladas de tinta!

— Eu não sabia disso — diz Dana. Charles conta mais sobre a Torre Eiffel. Ela foi construída em 1889. Seu nome é uma homenagem a Gustave Eiffel, o arquiteto responsável pelo projeto. Por 41 anos, foi a estrutura mais alta do mundo. Há muitas réplicas da torre **ao redor** do mundo. Existe até mesmo uma réplica em tamanho real em Tóquio.

— Eu amo Paris — diz Dana.

— Vamos para o hotel — diz Charles. Eles caminham até o hotel próximo. Fica logo **atrás** da Torre Eiffel.

O dia seguinte é dia dos namorados. O casal tem um almoço especial planejado. Eles vão para o restaurante Epicure. É um dos restaurantes mais românticos da cidade.

— Você está pronta? — pergunta Charles.

— Sim — diz Dana. — Como chegamos lá? — Eles conversam **fora do** hotel.

— É logo **depois** do Champs-Élysées — diz Charles. Eles andam rua **abaixo**. Eles caminham **em direção** ao rio. É um dia lindo. O sol está brilhando. Dana percebe como os prédios são bonitos. Eles são todos muito antigos.

— Deveríamos ter prédios como estes nos Estados Unidos — diz Dana.

— Eles são mais antigos do que os Estados Unidos — diz Charles. Charles e Dana andam **ao longo** do rio. Eles se dão as mãos. Paris é uma cidade para os amantes.

Epicure fica **perto** do distrito comercial central. Eles passam por lojas como Louis Vuitton e Pierre Hermé. Dana para para olhar as vitrines. O restaurante fica **ao lado de** uma de suas lojas favoritas.

— Por favor, podemos entrar — diz ela. Quando eles passam **pela** porta da Hermès, Charles sabe que está em apuros. Bolsas e lenços estão em toda parte. Dana enlouquece. Ela pega dois lenços **de** uma prateleira. Ela encontra uma bolsa **em meio a** uma pilha de outras.

— Por favor, Charles? — ela pede a ele. — Uma pequena lembrança de Paris? — Charles pensa. Os três itens custam o mesmo que a passagem de avião para Paris. Mas é dia dos namorados. Ele diz que sim. Dana leva os lenços e a bolsa para a caixa registradora. Charles paga com seu cartão de crédito. Eles deixam a loja. Dana está muito contente.

Charles e Dana continuam descendo a rua. Eles não veem o Epicure.

— É bem aqui — diz Charles.

— Onde? — pergunta Dana.

— Aqui — diz Charles. — É o que diz o Google Maps.

— Não estou vendo — diz Dana.

Charles liga para o restaurante em seu celular. — Olá, não conseguimos encontrar o restaurante — diz ele. Ele escuta. A pessoa fala francês. — Você fala inglês? Não? — A pessoa desliga.

— Eles não falam inglês — diz Charles.

— Tem que ser aqui — diz Dana. Ela avista um pequeno beco. Ela entra no beco e caminha um pouco.

— Aqui está — diz ela. O restaurante fica **dentro** do beco, escondido bem **no** final.

— Graças a Deus — diz Charles. — Já estamos atrasados!
— Eles entram no restaurante.

— Vocês tem uma reserva? — pergunta o garçom.

— Sim — diz Charles. — Estamos um pouco atrasados. Charles.

— Sigam-me — diz o garçom. Eles seguem o garçom. Eles andam **entre** as mesas com toalhas brancas. Eles são os primeiros clientes. O restaurante está vazio.

— É lindo — diz Dana. Eles se sentam à mesa. Há flores frescas **sobre** ela. A mesa fica **ao lado** da lareira. Um lustre dourado está pendurado no teto.

— O que vocês gostariam? — pergunta o garçom.

— O frango com cogumelos e o macarrão com foie gras e alcachofra — diz Charles.

— Eu recomendo o macarrão **antes** do frango — diz o garçom.

— Ok — diz Charles.

— O frango é servido **com** uma salada — diz o garçom.

— Perfeito — diz Charles. — E por favor, traga uma champanhe. — Charles pisca para o garçom.

— Por que você piscou para ele? — pergunta Dana.

— Não foi por querer! — diz Charles.

Dana e Charles estão muito felizes. O restaurante é um dos melhores de Paris. Tem três estrelas Michelin. O garçom chega **por trás** de Charles com o macarrão. É muito saboroso. Tem trufas pretas por cima. Eles concordam que é o melhor macarrão que já comeram.

O garçom traz um carrinho até a mesa. Ele tem dois copos, uma garrafa de champanhe e uma caixa preta. O garçom abre e serve o vinho para Charles e Dana. Ele põe a caixa preta na mesa.

— O que é isso? — pergunta Dana.

— Dana, quer se casar comigo? — pergunta Charles. Ele ergue a tampa da caixa preta. **Sob** ela está um enorme anel de diamante. Ele o coloca no dedo de Dana.

— Sim! — Dana exclama.

Paris é mesmo a cidade do amor.

RESUMO
Charles e Dana estão apaixonados. Eles fazem uma viagem a Paris para o dia dos namorados. Eles se perdem à procura de seu hotel. Eles não entendem o metrô. Nem Charles nem Dana falam francês. Charles reserva um almoço especial no dia dos namorados. Dana não consegue resistir às lojas de Paris. Eles têm dificuldade em encontrar o restaurante. Dana encontra o restaurante em um beco. No almoço, Charles tem uma surpresa secreta para Dana. O que é? Um símbolo de amor verdadeiro. Um garçom do restaurante traz um anel com o champanhe. Charles pede a Dana para se casar com ele.

LISTA DE VOCABULÁRIO

In front of	Em frente ao
Beneath	Por baixo
Across	Pela
In	No
Above	Acima
Into	No
Off	Do
Above	Acima
To	Para
Around	Ao redor
Behind	Atrás
Out of	Fora do
Past	Depois
Down	Abaixo
Toward	Em direção ao
Along	Ao longo
Near	Perto
Next to	Ao lado de
Through	Pela
From	De
Amongst	Em meio a
Within	Dentro
At	No
Between	Entre
On	Sobre
Beside	Ao lado
Before	Antes
With	Com
Behind	Por trás
Below	Sob

PERGUNTAS

1) Quem teve a ideia de ir de férias para Paris?
    a) Charles
    b) o pai do Charles
    c) o agente de viagens
    d) Dana

2) Qual é a primeira coisa que Charles e Dana veem em Paris?
    a) o Louvre
    b) os Champs-Élysées
    c) o hotel
    d) a Torre Eiffel

3) Que outra cidade do mundo tem uma Torre Eiffel em tamanho real?
    a) Nova York
    b) Tóquio
    c) Dubai
    d) Hong Kong

4) O que Dana convence Charles a fazer no dia dos namorados?
    a) ir para casa
    b) ir ao museu
    c) comprar algo para ela na Hermès
    d) parar de beber

5) Como Charles dá a Dana o anel de noivado?
    a) um garçom o traz com o champanhe
    b) ele o coloca no sorvete dela
    c) ele o tira do bolso
    d) ele fica de joelhos

RESPOSTAS

1) Quem teve a ideia de ir de férias para Paris?
    a) Charles

2) Qual é a primeira coisa que Charles e Dana veem em Paris?
    d) a Torre Eiffel

3) Que outra cidade do mundo tem uma Torre Eiffel em tamanho real?
    b) Tóquio

4) O que Dana convence Charles a fazer no dia dos namorados?
    c) compra algo para ela na Hermès

5) Como Charles dá a Dana o anel de noivado?
    a) um garçom o traz com o champanhe

Translation of the Story
Valentine's Day in Paris

STORY

Charles and Dana are boyfriend and girlfriend. They are in love. Charles wants to do something special for Valentine's Day. He invites Dana to Paris. Paris is called the city of love. Many people travel to Paris to spend romantic time with their partner. Maybe it is the movies, the food, the beautiful buildings? Paris always feels romantic.

The couple arrives to Paris on February 13. The plane lands. They are thrilled. Charles and Dana collect their baggage.

"Let's go to the hotel," says Charles.
"How?" asks Dana.

"We can take the train to the city center," says Charles. **In front of** the couple is a sign for the airport train. They follow the arrows, walking **beneath** them. They walk **across** the sky bridge, until they come to the entrance to the train. They go up to the ticket machine.

"Which ticket do we buy?" asks Dana. They both stare at the machine.

"I don't know," says Charles. "The hotel is **in** the 7th arrondissement." Charles guesses which ticket to buy. He buys it and they go to the train platform. **Above** the tracks, there is a sign. It tells where each train is going. A train approaches. The sign says 'centre-ville'. They get **into** the train.

When the train reaches the destination, they get **off** the train. They go up the metro stairs. They step outside. The Eiffel Tower stands **above** them.

"It's beautiful," says Dana.

"Yes, it's amazing," says Charles.

"I want to go **to** the top," says Dana.

"Did you know they paint the tower every seven years?" asks Charles. "With 50 tons of paint!"

"I didn't know that," says Dana. Charles tells her more about the Eiffel Tower. It was built in 1889. It is named after Gustave Eiffel, the architect in charge of the project. For 41 years, it was the tallest structure in the world. There are many replicas of the tower **around** the world. There is even a full-size replica in Tokyo.

"I love Paris," says Dana.

"Let's go to the hotel," says Charles. They walk to the nearby hotel. It is just **behind** the Eiffel Tower.

The next day is Valentine's Day. The couple has a special lunch planned. They go to the restaurant Epicure. It is one of the city's most romantic restaurants.

"Are you ready?" asks Charles.

"Yes," says Dana. "How do we get there?" They walk **out of** the hotel.

"It is just **past** the Champs-Élysées," says Charles. They walk **down** the street. They walk **toward** the river. It is a beautiful day. The sun is shining. Dana notices how beautiful the buildings are. They are all very old.

"We should have buildings like this in America," says Dana.

"They are older than America," says Charles. Charles and Dana walk **along** the river. They hold hands. Paris is a city for lovers.

Epicure is **near** the central shopping district. They pass shops like Louis Vuitton and Pierre Hermé. Dana stops to look in the windows. The restaurant is **next to** one of her favorite shops.

"Please can we go in," she says. When they go **through** the door of Hermes, Charles knows he is in trouble. Purses and scarves are everywhere. Dana goes crazy. She takes two scarves **from** a display. She grabs a bag from **amongst** a pile of purses.

"Please, Charles?" she asks him. "A little Paris souvenir?" Charles thinks. The three items cost the same as the airplane ticket to Paris. It is Valentine's Day, though. He says yes. Dana takes the scarves and the purse to the cash register. Charles pays with his credit card. They leave the shop. Dana is very content.

Charles and Dana continue down the street. They don't see Epicure.

"It is right here," says Charles.

"Right where?" asks Dana.

"Here," says Charles. "That is what Google maps says."

"I don't see it," says Dana.

Charles calls the restaurant on his cell phone. "Hello, we cannot find the restaurant," he says. He listens. The person speaks French. "Do you speak English? No?" The person hangs up.

"They don't speak English," says Charles.

"It has to be here," says Dana. She spots a small alley. She enters the alleyway and walks a bit.

"Here it is," she says. The restaurant is **within** the alleyway, hidden **at** the very end.

"Thank goodness," says Charles. "We are already late!" They enter the restaurant.

"Do you have a reservation?" asks the waiter.

"Yes," says Charles. "We are a bit late. Charles."

"Follow me," says the waiter. They follow the waiter. They walk between tables with white tablecloths. They are the first diners. The restaurant is empty.

"It's beautiful," says Dana. They sit at their table. It has fresh flowers **on** it. Their table is **beside** the fire. A golden chandelier hangs from the ceiling.
"What would you like?" asks the waiter.

"The chicken with mushrooms, and the macaroni with foie gras and artichoke," says Charles.

"I recommend the macaroni **before** the chicken," says the waiter.

"Ok," says Charles.

"The chicken is served with a side salad," says the waiter.

"Perfect," says Charles. "And please bring us some champagne." Charles winks at the waiter.

"Why did you wink at him?" asks Dana.
"I didn't mean to!" says Charles.

Dana and Charles are very happy. The restaurant is one of the best in Paris. It has three Michelin stars. The waiter comes up **behind** Charles with the macaroni. It is very rich. It has black truffle on top. They agree, it is the best macaroni they have ever had.

The waiter rolls a cart to the table. It has two glasses, a bottle of champagne, and a black box. The waiter opens the wine and pours it for Charles and Dana. He leaves the black box on the table.

"What's that?" asks Dana.

"Dana, will you marry me?" asks Charles. He lifts the top of the black box. **Below** is a huge diamond ring. He puts it on Dana's finger.
"Yes!" shouts Dana.

Paris really is the city of love.

Portuguese Short Stories for Beginners Book 5

Over 100 Dialogues and Daily Used Phrases to Learn Portuguese in Your Car. Have Fun & Grow Your Vocabulary, with Crazy Effective Language Learning Lessons

www.LearnLikeNatives.com

CHAPTER 13
New Roommates /
Common everyday objects + possession

HISTÓRIA

Hoje é dia de mudança na universidade. Alunos do primeiro ano movem **suas** coisas para o dormitório.

Anna chega à universidade com seus pais. O carro **dela** está carregado de **caixas**. Anna traz tudo que ela precisa para um ano de escola. Eles estacionam em frente ao dormitório de Anna. O prédio é um prédio grande de tijolos. Parece sem graça. Anna tenta pensar positivo. Este ano vai ser ótimo, ela diz a si mesma.

Sua família começa a descarregar o carro. Anna está muito preparada. Eles tiram caixas cheias de suas coisas do carro. Seu irmão a ajuda a levar as caixas até o quarto. O quarto é pequeno. Há duas camas. Anna terá uma colega de quarto.

A primeira caixa que Anna abre tem material escolar. Ela coloca seus blocos de **notas, lápis** e **canetas** na sua mesa. O quarto não tem decoração, exceto por uma **televisão** na parede. Anna organiza suas coisas no quarto. Ela pega seu calendário para colocar na parede.

— Isto não é **meu**! — diz ela. É um calendário com mulheres bonitas.

— É dele — diz Anna, apontando para o seu irmão.

— Ah, desculpe — diz seu irmão. Anna joga o calendário na **lata de lixo**. A família ri.

Alguém bate na porta. Eles abrem a porta. Uma menina loira está do lado de fora. Ela está com uma mulher mais velha, sua mãe.

— Olá, sou a Beatriz — diz a menina.

— Sou a Anna — diz a Anna. — Acho que somos colegas de quarto!

— De onde você é? — pergunta Beatriz.

— De perto, apenas uma hora ao norte — diz Anna.

— Eu também! — diz Beatriz.

As meninas apertam as mãos e sorriem. Beatriz traz suas próprias caixas. As famílias ajudam suas filhas a desempacotar.

Os primeiros dias de escola são ótimos. Anna faz novos amigos. Ela e Beatriz se dão muito bem. Anna vai para suas novas aulas. Tudo é perfeito. No entanto, uma coisa está errada. Alguns dos pertences de Anna começam a desaparecer. Primeiro, ela não consegue encontrar sua **escova**. Depois, no dia seguinte, ela olha no **espelho**. Ela vê seu **hidratante**, mas seu **perfume** está faltando. Quando ela chega da aula naquela noite, ela coloca música para tocar. Não há som. Sua **caixa de som** sumiu!

Ela pergunta à Beatriz. — Beatriz — diz ela. — Você está dando falta de alguma coisa?

— Sim! — diz Beatriz. — O meu **laptop**. Estou surtando.

— Ah, não! — diz Anna. — Também estou dando falta de algumas coisas.

Agora, Anna está dando falta de três coisas. Ela liga para sua mãe em seu **telefone celular**.

— Oi, mãe — diz a Anna.

— Oi, querida — diz a mãe. — Como vai a escola?

— Tudo bem — diz Anna. — Mas meus pertences continuam desaparecendo.

— O que você quer dizer? — pergunta sua mãe. Anna conta a ela sobre o perfume desaparecido, a caixa de som desaparecida e a escova desaparecida.

— Isso é tão estranho — diz sua mãe. — Você os levou a algum lugar?

— Não, mãe — diz Anna. — Eu nunca saí do quarto. O resto do **aparelho de som** está aqui. Meu **mp3 player** também.

— Você tranca sua porta? — pergunta sua mãe.

— Sim, mãe! — diz Anna. — E é apenas o perfume que sumiu. Eu ainda tenho toda a minha **maquiagem**, **batom**, tudo!

— Você acha que pode ser a Beatriz? — pergunta sua mãe.

— De jeito nenhum, ela está também está dando falta de algumas coisas — diz Anna.

— OK, vá procurar nos achados e perdidos — diz a mãe da Anna.

— Ok! Tenho que ir — diz Anna.

Anna desliga o telefone. A ideia de sua mãe é boa. Ela desce as escadas até o escritório do dormitório. Ela pede para ver a caixa de achados e perdidos. A caixa está cheia. Ela procura na caixa. Ela encontra **cadernos**, uma **câmera de vídeo** e até mesmo um **pente**. Mas não vê suas coisas. Ela olha mais. Ela vê um **laptop**.

— Isso é **seu**? — ela pergunta, pensando em Beatriz. Ela o tira da caixa. É o da Beatriz. Ela leva o **computador** para dar a Beatriz. Pelo menos ela encontra algo.

Ela sobe as escadas. Ela dá o computador a Beatriz.

— Uau, Anna, é o **meu** computador! — diz Beatriz. — Muito obrigada.

— De nada — diz Anna. — Ainda bem que encontrei **seu** computador.

— É mesmo — diz Beatriz. — Você encontrou alguma das suas coisas?

— Não — diz a Anna.

— Droga — diz Beatriz. As meninas vão dormir.

No dia seguinte, Beatriz tem aula. Anna fica no dormitório. Ela trabalha em um projeto, usando uma **tesoura** para cortar fotos para colar em uma **pasta**. Ela pensa em seus itens perdidos. Talvez ela devesse olhar no dormitório. Ela olha em todos os lugares. Então ela se vira para o armário de Beatriz. Ela o abre. Ela olha dentro dele.

— Isto é meu! — diz Anna. Ela pega sua escova. Ela está chocada. Por que sua escova está no armário de Beatriz? Ela olha mais de perto. Sob uma pilha de **roupas**, ela sente algo duro. Ela o puxa para fora. É o seu frasco de perfume! Quando olha mais de perto, ela também encontra sua caixa de som.

— Era a Beatriz o tempo todo — diz Anna. O **telefone** do quarto toca. Anna atende. É a mãe da Beatriz.

— Olá, Anna — diz a mãe da Beatriz. — Como você está?

— Bem — diz Anna. — A Beatriz não está aqui.

— Pode dizer a ela que eu liguei? — pergunta a mãe da Beatriz.

— Sim, mas, posso falar com você sobre uma coisa? — pergunta Anna.

— Claro — diz a mãe da Beatriz.

— Algumas das minhas coisas desapareceram — diz Anna. — E acabei de encontrar muitas delas no armário da **sua** filha.

— Ah, não — diz a mãe da Beatriz. — Preciso te contar uma coisa.

— O quê? — diz Anna.

— Beatriz é cleptomaníaca — diz a mãe dela. — Ela pega as coisas e as devolve exatamente sete dias depois. Ela vai devolver esses itens para você até amanhã.

— O que eu faço? — pergunta Anna.

— Espere que ela os devolva — diz a mãe da Beatriz.

— Ok — diz Anna.

— Obrigada pela compreensão — diz a mãe da Beatriz.

RESUMO
Anna e Beatriz são colegas de quarto. É o primeiro ano delas na universidade. Eles se conhecem no dia da mudança. Eles organizam seu quarto no dormitório. Seus pais ajudam. Elas se dão bem. Durante a primeira semana, muitos pertences da Anna desaparecem. Ela não consegue encontrá-los em lugar nenhum. Beatriz também dá falta de alguns itens. Anna procura em todos os lugares. Ela procura nos achados e perdidos, onde encontra o computador desaparecido da Beatriz. Quando Beatriz não está no quarto, Anna olha em seu armário. Ela encontra todos os seus itens. A mãe da Beatriz liga. Ela diz a Anna que Beatriz é cleptomaníaca.

LISTA DE VOCABULÁRIO

Their	Suas
Her	Dela
Boxes	Caixas
Mine	Meu
Notepads	Blocos de notas
Pencils	Lápis
Pens	Canetas
Television	Televisão
Calendar	Calendário
His	Dele
Trash can	Lata de lixo
Brush	Escova
Mirror	Espelho
Lotion	Hidratante
Perfume	Perfume
Speaker	Caixa de som
Computer	Computador
Cell phone	Telefone celular
Stereo system	Aparelho de som
Makeup	Maquiagem
Lipstick	Batom
Notebook	Caderno
Video camera	Câmera de vídeo
Comb	Pente
My	Meu
Yours	Seu
Your	Seu
Scissors	Tesoura
Clothes	Roupas
Telephone	Telefone
Your	Sua

PERGUNTAS

1) Como Beatriz e Anna se conhecem?
    a) elas são amigas há muito tempo
    b) elas se conhecem em aula
    c) elas são colegas de quarto
    d) elas estudam na mesma escola

2) Qual destes itens não desapareceu?
    a) escova
    b) perfume
    c) caixa de som
    d) espelho

3) O que a mãe da Anna sugere?
    a) que Anna volte para casa
    b) que Anna confronte Beatriz
    c) que Anna compre uma escova nova
    d) que Anna procure nos achados e perdidos

4) O que Anna encontra nos achados e perdidos?
    a) sua escova
    b) o computador da Beatriz
    c) um moletom
    d) seu perfume

5) O que aconteceu com as coisas de Anna?
    a) Beatriz as pegou e as colocou no seu armário
    b) Anna as perdeu
    c) Anna as jogou fora
    d) nada

RESPOSTAS

1) Como Beatriz e Anna se conhecem?
	c) elas são colegas de quarto

2) Qual destes itens não desapareceu?
	d) espelho

3) O que a mãe de Anna sugere?
	d) que Anna procure nos achados e perdidos

4) O que Anna encontra nos achados e perdidos?
	b) o computador da Beatriz

5) O que aconteceu com as coisas de Anna?
	a) Beatriz as pegou e as colocou em seu armário

Translation of the Story
New Roommates

STORY

Today is move-in day at the university. First year students move **their** things into the dormitory.

Anna arrives to the university with her parents. **Her** car is loaded with **boxes**. Anna brings everything she needs for a year of school with her. They park outside of Anna's dormitory. The building is a big, brick building. It looks boring. Anna tries to think positive. This year will be great, she tells herself.

Her family begins to unload the car. Anna is very prepared. They take out boxes full of her things. Her brother helps her take the boxes up to the room. The room is small. There are two beds. Anna will have a roommate.

The first box Anna opens has school supplies. She puts her **notepads**, **pencils** and **pens** on her desk. The room has no decoration, except for a **television** on the wall. Anna organizes her things in the room. She takes her **calendar** out to put on the wall.

"This isn't **mine**!" she says. It is a calendar of pretty women.

"This is **his**," Anna says, pointing at her brother.

"Oh, sorry," says her brother. Anna throws it in the **trash can**. The family laughs.

There is a knock on the door. They open the door. A blonde girl stands outside. She is with an older woman, her mother.

"Hello, I'm Beatriz," says the girl.

"I'm Anna," says Anna. "I guess we are roommates!"

"Where are you from?" asks Beatriz.

"Nearby, just an hour north," says Anna.

"Me too!" says Beatriz.

The girls shake hands and smile. Beatriz brings her own boxes. The families help their daughters unpack.
The first days of school are nice. Anna makes new friends. She and Beatriz get along great. Anna goes to her new classes. Everything is perfect. However, one thing is wrong. Some of Anna's belongings begin to disappear. First, she can't find her **brush**. Then, the next day, she looks in the **mirror**. She sees her **lotion** but her **perfume** is missing. When she arrives from class that evening, she puts on some music. There is no sound. Her **speaker** is gone!

She asks Beatriz. "Beatriz," she says. "Are you missing anything?"

"Yes!" says Beatriz. "My laptop **computer**. I am freaking out."

"Oh no!" says Anna. "I am missing a few things, too."

Anna is missing three things now. She calls her mother on her **cell phone**.

"Hi, mom," says Anna.

"Hi, honey," says her mom. "How is school?"

"Fine," says Anna. "But my belongings keep disappearing."

"What do you mean?" asks her mom. Anna tells her mom about the missing perfume, the missing speaker, and the missing brush.

"That is so strange," says her mom. "Did you take them somewhere?"

"No, mom," says Anna. "I never left the room. The rest of the **stereo system** is here. My **mp3 player,** too."

"Do you lock your door?" asks her mom.

"Yes, mom!" says Anna. "And it's just the perfume that is gone. I still have all the other **makeup, lipstick**, everything!"

"Do you think it could be Beatriz?" asks her mom.

"No way, she is missing stuff too," says Anna.

"Ok, go check the lost-and-found," says Anna's mom.

"Ok! Gotta go," says Anna.
Anna hangs up the phone. Her mom's idea is good. She goes downstairs to the dormitory office. She asks to see the lost-and-found box. The box is full. She looks through it. She finds **notebooks**, a **video camera**, and even a **comb**. But does not see her things. She looks more. She sees a laptop **computer**.

"Is that **yours**?" she asks, thinking of Beatriz. She pulls it out. It is. She takes the computer to give to Beatriz. At least she finds something.

She goes upstairs. She gives Beatriz the computer.

"Wow, Anna, it's **my** computer!" says Beatriz. "Thank you so much."

"You're welcome," says Anna. "So glad I found **your** computer."
"Me too," says Beatriz. "Did you find any of your things?"

"No," says Anna.

"Bummer," says Beatriz. The girls go to sleep.

The next day, Beatriz has class. Anna stays in the dorm room. She works on a project, using **scissors** to cut pictures to glue on a **folder**. She thinks about her missing items. Maybe she should look in the dorm room. She looks everywhere. Then she turns to Beatriz's closet. She opens it. She looks inside it.

"This is mine!" says Anna. She pulls out her brush. She is shocked. Why is her brush in Beatriz's closet? She looks closer. Under a stack of **clothes**, she feels something hard. She pulls it out. It is her bottle of perfume! When she looks closer, she finds her speaker, too.

"It was Beatriz the whole time," says Anna. The room **telephone** rings. Anna answers. It is Beatriz's mom.

"Hi, Anna," says Beatriz's mom. "How are you?"

"Fine," says Anna. "Beatriz isn't here."

"Can you tell her I called?" asks Beatriz's mom.

"Yes, but, can I talk to you about something?" asks Anna.

"Sure," says Beatriz's mom.
"Some of my things have gone missing," says Anna. "And I just found many of them in **your** daughter's closet."

"Oh, no," says Beatriz's mom. "I need to tell you something."

"What?" says Anna.

"Beatriz is a kleptomaniac," says her mom. "She takes things and then returns them exactly seven days later. She will return those items to you by tomorrow."

"What do I do?" asks Anna.

"Just wait for her to return them," says her mom.

"Okay," says Anna.
"Thank you for understanding," says Beatriz's mom.

CHAPTER 14
A Day in the Life / transition words

HISTÓRIA

Bey acorda em um quarto de hotel. Ela está cansada. Seu corpo está cansado, **mas** sua mente está ainda mais cansada. Ela se sente sozinha. Seus amigos e familiares não entendem o que é ser famosa. Ela ri. Eles querem ser famosos. Eles querem viver um dia da sua vida. As pessoas acham que as celebridades se divertem o dia todo. Elas acham que as celebridades conseguem tudo o que querem. **No entanto**, Bey sabe que isso não é verdade.

Por que as pessoas querem ser famosas? Bey pensa. Ela faz um café. A mídia mostra seu sucesso. As pessoas querem sucesso. Elas querem uma vida perfeita. **Como resultado**, elas tentam se tornar famosas. Ela sabe que a vida não é perfeita.

O relógio diz sete horas. Seu dia está cheio. **Portanto**, ela tem que acordar cedo. Algumas pessoas acham que as celebridades dormem até tarde. Ela tem muito o que fazer. Não há tempo para dormir até tarde. Ela ouve a campainha.

— Olá — diz Bey.

— Oi, Bey — dizem as três mulheres. Uma mulher é sua estilista. Outra é sua maquiadora. **Por último**, está a cabeleireira. Ela abre a porta. Elas entram. Elas começam a trabalhar.

— Qual camisa? — diz a estilista.

— Qual a cor de batom? — pergunta a maquiadora.

— Por que você dormiu com o cabelo desse jeito? — pergunta a cabeleireira.

O café de Bey está frio. Ela faz outro café. **Depois**, ela responde a todas as perguntas. Elas a ajudam. **Finalmente**, ela fica pronta.

Ela sai do hotel às 10 da manhã. Há muitas pessoas lá fora. Elas esperam por ela. Quando ela sai, elas gritam. Elas tiram fotos. Bey entra em um carro. O carro tem vidros escuros. Ninguém consegue vê-la. **Assim**, ela pode fazer o que quiser. Ela relaxa. Seu telefone toca.

— Alô? — ela diz.

— Bey, onde você está? — pergunta seu empresário.

— No carro — diz ela.

— Você está atrasada! — diz o empresário.

— Desculpe — disse Bey. Ela tem prática de dança, aula de voz e uma sessão de fotos. Um dia cheio. Seu gerente controla sua agenda. Ele diz a ela o que fazer. Ele diz a ela quando ir. Ela se sente presa. Ela deve trabalhar para continuar famosa. Ela não pode tirar férias.

O carro para. **Em primeiro lugar**, Bey tem uma sessão de fotos. É para uma revista. Uma menina coloca maquiagem em Bey. Ela é uma fã. Ela sorri.

— Como você está? — ela pergunta.

— Bem — diz Bey.

— Sou seu fã — diz ela.

— Obrigada — diz Bey.

— Eu também canto — diz a menina. Ela aplica o pó no rosto de Bey.

— Sério? — pergunta Bey. Ela está entediada.

— Sim. Eu quero ser famosa! — diz a menina.

— Ser famosa dá muito trabalho! — diz Bey.

— Eu não me importo! — diz a menina.

— O que você vai fazer hoje à noite? — pergunta Bey.

— Jantar com meu namorado, um passeio no parque, talvez visitar um museu — diz a menina.

— Tenho trabalho, um show — diz Bey. — **Na verdade**, tenho shows todas as noites. Não posso ir ao parque **porque** as pessoas me reconhecem. Elas não me deixam em paz.

— Ah — diz a menina. Ela termina a maquiagem.

— **Por exemplo**, não me lembro de visitar um museu — diz Bey. Ela está pronta. Ela tira fotos. Seu vestido é glamouroso. Ela parece bonita e feliz. Ela dá tchau e entra no carro.

Em segundo lugar, Bey tem prática de dança. Ela pratica em um estúdio de dança. Sua professora é profissional. Elas praticam para o show. O show desta noite é em um estádio em Nova York. Bey esquece a dança da sua canção mais famosa. Ela pratica durante duas horas. **Sem dúvida**, ela conhece a dança.

Em terceiro lugar, Bey tem aula de voz. Cantores famosos precisam de aulas. As aulas de voz lhes ajudam a cantar com facilidade. Isto é importante. **Afinal**, cantar em um show todas as noites é difícil.

Após da aula de voz, ela almoça. Sua assistente traz o almoço. Embora seja rápido, é saudável. Ela toma uma vitamina e come uma salada. Logo ela deve se preparar para o show.

Ela dá uma olhada em seu telefone. Bey tem outra assistente. Esta assistente cuida das redes sociais. Ela coloca fotos no Instagram e no Facebook. **Ao final**, Bey gosta de ver por si mesma. Sua nova foto tem 1.000.000 de curtidas. Nada mal, ela pensa. A foto também tem muitos comentários. Alguns são maldosos, **então** Bey desliga o telefone. Ela tenta ser positiva.

No carro, Bey liga para seus amigos. Ela conversa com sua mãe. Ela conversa no carro, **já que** não tem muito tempo. Ela está cansada. Está com dor de cabeça. Talvez ela possa cochilar. Ela olha para o telefone. É tarde demais para cochilar.

Enquanto Bey fica pronta, os fãs esperam. Eles fazem uma fila do lado de fora. Eles estão animados. Eles pagaram muito dinheiro pelos ingressos.

Agora sua garganta dói. Ela toma um chá quente. **Se** ela não conseguir cantar, os fãs vão ficar tristes. Ela olha para o telefone. Ela tem uma foto guardada para estes momentos. É uma carta.

— Querida Bey — diz a carta.

— Você é minha cantora favorita. Eu acho que você é incrível. Eu quero ser como você quando eu crescer. Com amor, Susy.— É de uma fã de sete anos de idade. Bey se lembra dela. Ela sorri. Há centenas de meninas como Susy no show. **Por essa razão**, ela se apresenta.

Por fim, o show termina.

Mais e mais fãs pedem autógrafo a Bey. Eles sorriem. Eles tiram fotos com seus telefones. Ela imagina suas vidas. Eles vão a festas. Eles encontram os amigos. Eles vão a restaurantes. **De qualquer forma**, eles têm liberdade. Ela tem inveja. **Apesar de** não serem famosos, eles têm uma vida melhor do que a dela.

Ela pensa na menina da maquiagem de hoje. Ela se pergunta: o que ela está fazendo agora? Bey acha que talvez vá desistir da carreira.

De repente, seu telefone faz um som.

É um lembrete para ir para a cama. Amanhã é outro dia cheio.

RESUMO

Bey é uma celebridade. Ela é uma cantora pop famosa. As pessoas têm inveja da sua vida. No entanto, ela não é fácil. Seu dia começa cedo. Suas três assistentes vêm para o hotel. Eles a aprontam. Depois, ela tem um dia cheio. Ela vai a uma sessão de fotos. A menina da maquiagem quer ser famosa. Bey diz que não é tão bom assim. Bey pratica dança e canto. Então, ela se prepara para o show. Ela se sente doente. No entanto, ela se apresenta para seus muitos fãs. Ela tira fotos e dá autógrafos. Ela tem inveja da vida normal de seus fãs.

LISTA DE VOCABULÁRIO

But	Mas
However	No entanto
As a result	Como resultado
Therefore	Portanto
Lastly	Por último
Then	Depois
Finally	Finalmente
Therefore	Assim
First	Em primeiro lugar
In fact	Na verdade
Because	Porque
For example	Por exemplo
Second	Em segundo lugar
Without a doubt	Sem dúvida
After all	Afinal
Even though	Embora
Ultimately	Ao final
So	Então
Since	Já que
While	Enquanto
If	Se
For this reason	Por esta razão
Eventually.	Por fim
Either way	De qualquer forma
Despite	Apesar de
All of a sudden	De repente

PERGUNTAS

1) Qual pessoa não vai ao hotel de Bey?
    a) uma maquiadora
    b) uma estilista
    c) um fã
    d) uma cabeleireira

2) Por que o empresário de Bey liga para ela?
    a) para perguntar onde ela está
    b) para despedi-la
    c) para felicitá-la
    d) para perguntar como ela está

3) Qual é a profissão de Bey?
    a) dançarino
    b) estrela pop
    c) apresentadora de um programa de entrevistas
    d) fotógrafa

4) O que Bey faz para ajudá-la a cantar com facilidade?
    a) ela toma chá
    b) ela tem aulas de voz
    c) ela reza
    d) ela cruza os dedos

5) O que significa o som do telefone no final da história?
    a) alguém está ligando
    b) é hora de tomar um medicamento
    c) uma notificação do Instagram
    d) é hora de ir para a cama

RESPOSTAS

1) Qual pessoa não vai ao hotel de Bey?
    c) um fã

2) Por que o empresário de Bey liga para ela?
    a) para perguntar onde ela está

3) Qual é a profissão de Bey?
    b) estrela pop

4) O que Bey faz para ajudá-la a cantar com facilidade?
    b) ela tem aulas de voz

5) O que significa o som do telefone no final da história?
    d) é hora de ir para a cama

Translation of the Story
A Day in the Life

STORY

Bey wakes up in a hotel room. She is tired. Her body is tired, **but** her mind is more tired. She feels alone. Her friends and family don't understand what it is like to be famous. She laughs. They want to be famous. They want to spend a day in her life. People think celebrities have fun all day. They think celebrities get anything they want. **However,** Bey knows this is not true.

Why do people want to be famous? Bey thinks. She makes a coffee. The media shows her as success. People want success. They want a perfect life. **As a result,** they try to become famous. She knows life is not perfect.
The clock says seven o'clock. Her day is busy. **Therefore**, she has to wake up early. Some people think celebrities sleep late. She has a lot to do. There is no time to sleep late. She hears the doorbell.

"Hello," says Bey.

"Hi, Bey," say the three women. One woman is her stylist. Another woman is her makeup artist. **Lastly**, the hairdresser enters. She opens the door. They go inside. They begin to work.

"Which shirt?" says the stylist.

"Which color of lipstick?" asks the makeup artist.

"Why did you sleep with your hair like that?" asks the hairdresser.
Bey's coffee is cold. She makes another coffee. **Then**, she answers all the questions. They help her. **Finally,** she is ready.

She leaves the hotel at 10 a.m. There are many people outside. They wait for her. When she goes out, they scream. They take pictures. Bey gets in a car. The car has dark windows. No one can see in. **Therefore,** she can do what she wants. She relaxes. Her phone rings.

"Hello?" she says.

"Bey, where are you?" asks her manager.

"In the car," she says.

"You're late!" says the manager.
"Sorry," said Bey. She has dance practice, voice lessons, and a photo shoot. A busy day. Her manager keeps her schedule. He tells her what to do. He tells her when to go. She feels stuck. She must work to stay famous. She can't take a vacation.

The car stops. **First**, Bey has a photo shoot. It is for a magazine. A girl puts makeup on Bey. She is a fan. She smiles.

"How are you?" she asks.

"Fine," says Bey.

"I am your fan," she says.

"Thank you," says Bey.
"I sing, too," the girl says. She powders Bey's face.

"Really?" asks Bey. She is bored.

"Yes. I want to be famous!" says the girl.

"Being famous is a lot of work!" says Bey.

"I don't care!" says the girl.

"What are you doing tonight?" asks Bey.

"Dinner with my boyfriend, a walk in the park, maybe visit a museum," says the girl.

"I have work, a concert," says Bey. "**In fact,** I have one every night. I can't go out to the park **because** people recognize me. They don't leave me alone."

"Oh," says the girl. She finishes the makeup.

"**For example**, I can't remember a visit to a museum," says Bey. She is finished. She takes her pictures. Her dress is glamorous. She looks beautiful and happy. She says goodbye and gets in the car.

Second, Bey has dance practice. She practices in a dance studio. Her teacher is professional. They practice for the concert. Tonight's concert is in a stadium in New York City. She forgets the dance for her most famous song. She practices for two hours. **Without a doubt**, she knows the dance.

Third, Bey has voice lessons. Famous singers need lessons. Voice lessons help them sing easily. This is important. **After all,** singing a concert every night is difficult.

After voice, she eats lunch. Her assistant brings it to her. Even though it is quick, it is healthy. She has a smoothie and a salad. Soon she must prepare for the concert.

She checks her phone. Bey has another assistant. This assistant does social media. She puts pictures on Instagram and Facebook. **Ultimately**, Bey likes to see for herself. Her new picture has 1,000,000 likes. Not bad, she thinks. It also has many comments. Some are mean, **so** Bey turns off her phone. She tries to be positive.

In the car, Bey calls her friends. She talks to her mother. She talks in the car **since** she doesn't have much time. She is tired. She has a headache. Maybe she can nap. She looks at her phone. It is too late to nap.

While Bey gets ready, fans wait. They make a line outside. They are excited. They paid a lot of money for the tickets.

Now her throat hurts. She drinks warm tea. **If** she can't sing, the fans will be sad. She looks at her phone. She has a picture saved for these moments. It is a letter.

"Dear Bey," it says.

"You are my favorite singer. I think you are amazing. I want to be just like you when I grow up. Love, Susy." It is from a 7-year-old fan. Bey remembers her. She smiles.

There are hundreds of girls like Susy at the concert. **For this reason,** she performs.

Eventually, the concert ends.

More and more fans ask for Bey's autograph. They smile. They take pictures on their phone. She imagines their lives. They go to parties. They see friends. They go to restaurants. **Either way**, they have freedom. She is jealous. **Despite** not being famous, they have better lives.

She thinks of the makeup girl from today. She wonders, what is she doing now? Bey thinks maybe she will quit.

All of a sudden, her phone makes a sound.

It is a reminder to go to bed. Tomorrow is another busy day.

CHAPTER 15
The Camino Inspiration / Numbers + Family

Molly adora aventuras.

Ela é a pessoa mais corajosa de sua **família**, ainda mais corajosa do que seus dois **irmãos.** Ela vai acampar na floresta com sua família com frequência. Neste fim de semana, eles vão para as montanhas juntos. A lua brilha e os pássaros e animais estão em silêncio. Molly se senta com seus irmãos e sua **irmã** ao redor da fogueira, conversando e brincando. Eles veem um morcego voar sobre suas cabeças.

— Ewww — grita a irmã da Molly.

— Um morcego! — grita **um** dos irmãos da Molly.

Então, mais **três** morcegos voam sobre suas cabeças.

— Ahhh! Vamos buscar o **pai** e a **mãe**! — grita o outro irmão, João.

— É só um morcego — diz Molly.

Mais morcegos aparecem, até que há **oito** voando acima deles. A irmã e os irmãos de Molly se escondem em suas barracas, assustados. Molly não se mexe. Ela observa os morcegos circulando, agora **dezenove**, não, **vinte**!

— Oi, Molly — diz a **mãe** dela, chegando na fogueira atrás do **pai**.

— Uau, tem mesmo um monte de morcegos nesta floresta — diz o pai dela. — Você não está com medo?

A Molly fez que não com a cabeça e observou os morcegos desaparecendo no céu estrelado.

— Vamos jantar! — disse ela. Sua irmã e seus irmãos saem de suas barracas. A família come ao redor da fogueira. Eles adoram acampar juntos.

Molly tem vinte e dois anos. Ela acabou de se formar na faculdade, onde estudou engenharia. Ela não encontrou um emprego em um escritório, então trabalha em uma loja de artigos para acampamento. Ela economiza seu salário e fala sobre seu hobby preferido o dia inteiro: acampar.

Todos os sábados, Molly trabalha no **segundo** andar, onde ficam as barracas, as mochilas e os materiais de acampamento. Neste sábado, seu **primo** aparece na loja.

— Oi, Jim! — diz Molly, um sorriso feliz em seu rosto.

— Molly! Eu esqueci que você trabalha aqui — diz Jim, o **filho** de **trinta** anos da **tia** de Molly, Jane.

— Como estão a tia Jane e o **tio** Joe? — pergunta Molly.

— Eles estão bem. Neste fim de semana, estão visitando a **vovó** Gloria em sua casa — diz Jim. — Estou aqui para comprar alguns artigos para uma viagem.

— Ah, claro! Eu posso ajudá-lo. O que tem na sua lista? — Molly pergunta.

Jim mostra a Molly um pedaço de papel com uma lista de **quinze** itens. Uma mochila leve, um fogão portátil, **quatro** pares de meias quentes, bastões para caminhada, um sabonete mágico do Dr. Bronner, um canivete e **dezoito** refeições desidratadas.

"Uau, parece uma viagem e tanto", pensa Molly.

— Me dê a mochila mais leve que você tiver — diz Jim. — Os mais leves de todos estes itens, na verdade. Eu tenho que manter minha mochila abaixo de **vinte e oito** libras.

— Por que você está comprando tudo isso? — pergunta Molly, andando com Jim até uma parede cheia de mochilas de todas as cores, grandes e pequenas.

— Vou fazer uma caminhada — diz Jim. — Por toda a Espanha.

Jim experimenta as diferentes mochilas. Ele escolhe a favorita de Molly, uma mochila vermelha com **sete** bolsos, quatro atrás e três dentro. A mochila é tão leve que mal pesa **duas libras e meia**. Ele usa— o em seus ombros como ele segue Molly para a seção de roupas.

— Chama-se o Caminho de Santiago — Jim diz a Molly. Seu primo lhe conta sobre a caminhada. É uma peregrinação à Catedral de Santiago de Compostela, na Galícia. As pessoas dizem que São Tiago está enterrado na igreja.

Jim vai começar a caminhada no ponto de partida comum do Caminho Francês, em Saint-Jean-Pied-de-Port. De lá, são cerca de **quinhentas** milhas até Santiago. A peregrinação é popular desde a Idade Média. Criminosos e outras pessoas percorriam o caminho em troca de bênçãos. Hoje em dia, a maioria vai a pé. Algumas pessoas vão de bicicleta. Alguns peregrinos até vão a cavalo ou em burros. A peregrinação era religiosa, mas agora muitos fazem isso por lazer ou esporte.

— Preciso viajar — diz Jim. — Preciso de tempo para pensar e refletir. Caminhar quinhentas milhas pode ser uma experiência espiritual.

Molly ajuda Jim a encontrar uma jaqueta impermeável e um par de calças que se transformam em bermudas. Ele parece muito feliz com sua grande sacola de compras. Ele tem muito mais coisas nas mãos do que os outros clientes. Ele vai fazer uma viagem de verdade.

— São **trezentos e quarenta e sete** dólares e **sessenta e seis** centavos — diz Molly.

— Obrigado, Molly — diz Jim.

Molly começa a pensar. Ela mora em casa, com seus **pais**. Sua mãe é juíza no tribunal local, e seu pai é advogado. Eles raramente jantam em casa. Eles ficam no escritório até tarde. Os **irmãos** dela vivem com suas famílias em Seattle, a três horas de distância. Ela está sozinha, sem um emprego de verdade. Ela não tem ninguém para detê-la.

Serão as férias perfeitas. E talvez ela decida o que fazer com o resto de sua vida.

Por que não?

Naquele dia, Molly decide que fará o Caminho de Santiago. A partir de setembro, daqui a três meses. Sozinha.

RESUMO
Uma jovem chamada Molly ama a natureza. Ela e sua família acampam juntos com frequência. Ela trabalha em uma loja de artigos para acampamento enquanto procura um emprego após a faculdade. Seu primo Jim vai à loja para se preparar para uma viagem. Ele vai percorrer o Caminho de Santiago e precisa de equipamentos. Molly o ajuda a comprar uma mochila, sapatos e tudo mais que ele precisa. Ela decide percorrer o Caminho sozinha.

LISTA DE VOCABULÁRIO

Family	Família
Two	Dois
Brother	Irmão
Sister	Irmã
One	Um
Three	Três
Mom	Mãe
Dad	Pai
Eight	Oito
Nineteen	Dezenove
Twenty	Vinte
Mother	Mãe
Father	Pai
Twenty-two	Vinte e dois
Second	Segundo
Cousin	Primo
Thirty	Trinta
Son	Filho
Aunt	Tia
Uncle	Tio
Grandma	Vovó
Fifteen	Quinze
Four	Quatro
Eighteen	Dezoito
Twenty-eight	Vinte e oito
Seven	Sete
Two-and-a-half	Duas ___ e meia
Five hundred	Quinhentos
Three hundred	Trezentos
Forty-seven	Quarenta e sete
Sixty-six	Sessenta e seis

| Parents | Pais |
| Siblings | Irmãos |

PERGUNTAS

1) O que Molly estudou na universidade?
    a) cosmetologia
    b) literatura
    c) engenharia
    d) marketing

2) Quantos irmãos Molly tem?
    a) um
    b) dois
    c) três
    d) quatro

3) O que Jim é da Molly?
    a) irmão
    b) primo
    c) avô
    d) pai

4) O que é o Caminho de Santiago?
    a) uma peregrinação
    b) uma cidade
    c) uma igreja
    d) um feriado

5) De onde é Molly?
    a) dos Estados Unidos
    b) da Inglaterra
    c) da Austrália
    d) da França

RESPOSTAS

1) O que Molly estudou na universidade?
   c) engenharia

2) Quantos irmãos Molly tem?
   c) três

3) O que Jim é da Molly?
   b) primo

4) O que é o Caminho de Santiago?
   a) uma peregrinação

5) De onde é Molly?
   a) dos Estados Unidos

Translation of the Story
The Camino Inspiration

Molly loves adventures.

She is the bravest member of her **family**, even braver than her **two brothers**. She often goes camping with her family in the woods. This weekend, they go to the mountain together. The moon shines and the birds and animals are quiet. Molly sits with her brothers and her **sister** by the fire, talking and playing. They see a bat fly over their heads.

"Ewww!" shouts Molly's sister.

"A bat!" yells **one** of Molly's brothers.

Then, **three** more bats fly over their heads.

"Ahhh! Let's get **mom** and **dad**!" shouts the other brother, John.

"It's only a bat," says Molly.

More bats arrive, until there are **eight** flying overhead. Molly's sister and brothers disappear into their tents, scared out of their wits. Molly does not move. She watches as the bats circled, now **nineteen**, no, **twenty**!

"Hi, Molly," says her **mother**, walking up behind her **father** to the campfire.

"Wow, there sure are a lot of bats around these woods," says her dad. "Aren't you scared?"

Molly shook her head no, and watched the bats fly off into the starry night sky.

"Let's eat dinner!" she said. Her brothers and sister come out of their tents. The family eats by the fire. They love to camp together.

Molly is **twenty-two**. She just graduated from college, where she studied engineering. She has not found a job in an office, so she works at her local outdoor store. She saves her paycheck and gets to talk about her favorite hobby all day: camping.

Every Saturday, Molly works on the **second** floor, with all of the tents, backpacks, and camping supplies. This Saturday, in walks her **cousin**.

"Hi, Jim!" says Molly, a happy smile on her face.

"Molly! I forgot you work here," says Jim, the **thirty**-year-old **son** of Molly's **aunt** Jane.

"How are Aunt Jane and **Uncle** Joe?" asks Molly.

"They're good. This weekend they are visiting **Grandma** Gloria at her house," says Jim. "I'm here to buy some outdoor goods for a trip."

"Oh, sure! I can help you. What is on your list?" Molly asks.

Jim shows Molly a piece of paper with a list of **fifteen** items. A light backpack, a portable stove, **four** pairs of warm socks, hiking poles, Dr. Bronner's magic soap, a pocket knife, and **eighteen** dehydrated trail meals.

Wow, this sounds like quite a trip, thinks Molly.

"Gimme the lightest backpack you have," says Jim. "The lightest everything, actually. I have to keep my pack under **twenty-eight** pounds."

"What are you buying all of this for?" asks Molly, walking with Jim over to a wall filled with backpacks of all colors, large and small.

"I'm going to hike," says Jim. "Across Spain."

Jim tries on the different backpacks. He chooses Molly's favorite, a red backpack with **seven** pockets, four on the back and three inside. The pack is so light, it hardly weighs **two-and-a-half** pounds. He wears it on his shoulders as he follows Molly to the clothing section.

"It's called the Camino de Santiago," Jim tells Molly. Her cousin tells her about the hike. It is a pilgrimage to the Cathedral of Santiago de Compostela in Galicia. People say that Saint James is buried in the church.

Uncle Jim will be walking the hike from the common starting point of the French Way, Saint-Jean-Pied-de-Port. From there, it is about **five hundred** miles to Santiago. The pilgrimage has been popular since the Middle Ages. Criminals and other people walked the way in exchange for blessings. Nowadays, most travel by foot.

Some people travel by bicycle. A few pilgrims even travel on a horse or donkey. The pilgrimage was religious, but now many do it for travel or sport.

"I need to travel," says Jim. "I need time to think and reflect. Walking 500 miles can be very spiritual."

Molly helps Jim find a waterproof jacket and a pair of pants that can unzip to be shorts. He seems very happy with his large bag of things. He has much more in his hands than the other shoppers. He is going on a real trip.

"That will be **three hundred forty-seven** dollars and **sixty-six** cents," says Molly.

"Thanks, Molly," says Jim.

Molly begins to think. She lives at home with her **parents**. Her mother works as a judge in the local courthouse and her father is a lawyer. They are both rarely home for dinner. They stay busy at the office until late. Her **siblings** live with their families in Seattle, three hours away. She is alone, with no real job. She has no one to stop her.

It will be the perfect vacation. And maybe she will decide what to do with the rest of her life.

Why not?

That day, Mollly decides that she will do the Camino de Santiago. Starting in September, three months from now. Alone.

CONCLUSION

You did it!

You finished a whole book in a brand new language. That in and of itself is quite the accomplishment, isn't it?

Congratulate yourself on time well spent and a job well done. Now that you've finished the book, you have familiarized yourself with over 500 new vocabulary words, comprehended the heart of 3 short stories, and listened to loads of dialogue unfold, all without going anywhere!

Charlemagne said "To have another language is to possess a second soul." After immersing yourself in this book, you are broadening your horizons and opening a whole new path for yourself.

Have you thought about how much you know now that you did not know before? You've learned everything from how to greet and how to express your emotions to basics like colors and place words. You can tell time and ask question. All without opening a schoolbook. Instead, you've cruised through fun, interesting stories and possibly listened to them as well.

Perhaps before you weren't able to distinguish meaning when you listened to Brazilian Portuguese. If you used the audiobook, we bet you can now pick out meanings and words when you hear someone speaking. Regardless, we are sure you have taken an important step to being more fluent. You are well on your way!

Best of all, you have made the essential step of distinguishing in your mind the idea that most often hinders people studying a new language. By approaching Brazilian Portuguese through our short stories and dialogs, instead of formal lessons with just grammar and vocabulary, you are no longer in the 'learning' mindset. Your approach is much more similar to an osmosis, focused on speaking and using the language, which is the end goal, after all!

So, what's next?

This is just the first of five books, all packed full of short stories and dialogs, covering essential, everyday Brazilian Portuguese that will ensure you master the basics. You can find the rest of the books in the series, as well as a whole host of other resources, at LearnLikeNatives.com. Simply add the book to your library to take the next step in your language learning journey.

If you are ever in need of new ideas or direction, refer to our 'Speak Like a Native' eBook, available to you for free at LearnLikeNatives.com, which clearly outlines practical steps you can take to continue learning any language you choose.

We also encourage you to get out into the real world and practice your Brazilian Portuguese. You have a leg up on most beginners, after all—instead of pure textbook learning, you have been absorbing the sound and soul of the language. Do not underestimate the foundation you have built reviewing the chapters of this book.

Remember, no one feels 100% confident when they speak with a native speaker in another language.

One of the coolest things about being human is connecting with others. Communicating with someone in their own language is a wonderful gift. Knowing the language turns you into a local and opens up your world. You will see the reward of learning languages for many years to come, so keep that practice up!. Don't let your fears stop you from taking the chance to use your Brazilian Portuguese. Just give it a try, and remember that you will make mistakes. However, these mistakes will teach you so much, so view every single one as a small victory! Learning is growth.

Don't let the quest for learning end here! There is so much you can do to continue the learning process in an organic way, like you did with this book. Add another book from Learn Like a Native to your library. Listen to Brazilian Portuguese talk radio. Watch some of the great Brazilian Movies. Put on the latest CD from Tom Jobim. Take Samba lessons in Portuguese. Whatever you do, don't stop because every little step you take counts towards learning a new language, culture, and way of communicating.

Learn Like a Native is a revolutionary **language education brand** that is taking the linguistic world by storm. Forget boring grammar books that never get you anywhere, Learn Like a Native teaches you languages in a fast and fun way that actually works!

As an international, multichannel, language learning platform, we provide **books, audio guides and eBooks** so that you can acquire the knowledge you need, swiftly and easily.

Our **subject-based learning**, structured around real-world scenarios, builds your conversational muscle and ensures you learn the content most relevant to your requirements.
Discover our tools at *LearnLikeNatives.com*.

When it comes to learning languages, we've got you covered!

www.ingramcontent.com/pod-product-compliance
Lightning Source LLC
Chambersburg PA
CBHW071730080526
44588CB00013B/1964